외동아이 키울 때
꼭 알아야 할 것들

외동아이 키울 때
꼭 알아야 할 것들

모로토미 요시히코 지음 | 이정환 옮김

0세부터 사춘기까지
외동아이
육아법

🌱 나무생각

외동아이는
나약하게 자란다?

나는 지금까지 30년 가까이 교육카운슬러로 활동하며 수많은 이들의 육아 상담을 해왔다. 아동상담소 카운슬러나 스쿨카운슬러로 일하면서 아이들과 부모의 고민에 귀를 기울여왔다. 지금은 메이지대학 교수로 재직하며 육아나 교육에 관련된 심리학을 가르치고 있다.

외동아이를 키우고 있는 부모에게는 형제가 있는 아이를 키우는 부모에게는 없는 특유의 고민이 있다.

"형제가 없으면 외롭지요. 아이에게 미안해서……."

"외동아이라서 독선적으로 자라지 않을지 걱정이에요. 독선적이면 친구 만들기가 어렵잖아요."

"외동아이는 형제와 싸우면서 자라지 않기 때문에 나약한 사람이 될까 걱정이에요."

"형제가 없으니, 언젠가 부모가 세상을 뜨면 혼자 외로운 인생을 살 것 같아서 걱정이에요."

이처럼 외동아이를 키우는 부모는 외동아이와 관련된 여러 가지 걱정 속에서 살아간다. 하지만 걱정할 필요가 전혀 없다. 형제가 없어도 괜찮다! 외동아이는 부모의 사랑을 독점하기 때문에 형제가 있는 아이 이상으로 사랑을 받고 있다는 확신을 가지고 있다.

또 "독선적인 아이가 되지 않을지 걱정이다", "친구를 만들 수 없는 것은 아닐까?", "나약한 아이로 자라는 것이 아닐까?" 하는 걱정도 기우다. 부모가 육아에 관하여 조금만 연구하면 충분히 보완할 수 있기 때문이다.

이 책에서는 외동아이의 단점을 보완하고 외동아이라서 가질 수 있는 장점을 살리는 육아 방법을 소개할 예정이다. 구체적으로는 다음과 같은 세 가지 능력을 가진 아이로 키우기 위한 방법을 제시한다.

❶ 친구 또는 동료를 만드는 능력

❷ 자신을 만드는 능력

   (자신에게 어울리는 인생을 개척해 나가는 능력)

❸ 마음의 회복력

   (어려움과 고통을 이겨내고 재기할 수 있는 강한 마음가짐)

이 세 가지 능력을 갖추면 평생 친밀한 관계를 지속할 수 있는 친구를 만들고, 자신에게 어울리는 인생을 스스로 개척하면서, 인생에서 여러 가지 힘든 상황을 만나서도 좌절하지 않고 일어설 수 있다.

나는 '아이는 우주가 엄마, 아빠에게 보내준 소중한 선물'이라고 생각한다. 또 부모가 부모로서, 인간으로서 배우고 성장해 갈 수 있도록 소중한 기회를 제공해 주는 존재라고 생각한다.

모든 아이는 그 영혼에, 그 아이에게만 주어진 임무(삶의 의미와 사명)가 각인되어 이 세상에 태어난다. 천상의 보이지 않는 세계에 있을 때부터 아이의 영혼은 엄마와 아빠를 지켜보다가 "이 사람들에게 가야겠어. 이 사람들의 DNA를 이 지상의 세계에서 사용할 내 몸으로 빌려야지. 그렇게 하면 내가 하고 싶은 일을 이룰 수 있을 거야. 이 사람들이라면 나의 임무를 완수하기 위해 필요한 애정과 영양과 DNA 그리고 성장을 위해 필요한 혹독한 시련도 줄 수 있을 거야!"라는 결단을 내리고, 부모를 선택하여 이 세상으로 내려오는 것이다.

부디 이런 따뜻한 '마음의 눈길'로 아이를 지켜보자. 유아기 때부터 이렇게 '사랑으로 가득한 눈길'로 아이를 지켜보면, 아이가 장차 행복한 인생을 보낼 수 있는 '심리적 토대'가 형성된다.

틈이 있을 때마다 토닥토닥 두드려주고 안아주고 뽀뽀해주자. 그리고 "세상에서 네가 가장 좋아! 사랑한다. 네가 최고야!"라고 말해주자.

아이가 "나는 행복한 사람이야!"라고 느낄 수 있게 하는 것이 최고의 육아다. 그리고 그 토대는 부모 자신의 사랑과 행복이다.

부모 자신이 늘 평온함과 따뜻함을 유지하면서 아이에게 무슨 일이 생기면 언제든지 돌아올 수 있는 '마음의 안전기지'가 되어야 한다. 육아에서 이것보다 중요한 것은 없다. 부디 여러분의 육아가 사랑과 기쁨으로 가득 찬 멋진 결과를 낳기 바란다!

이 책에서는 30년 가까이 교육카운슬러로서 쌓아온 경험을 바탕으로 이러한 육아를 가능하게 만들어주는 구체적인 지혜와 방법을 소개했다. 이 책이 여러분의 사랑과 행복으로 가득한 육아에 도움이 된다면 나로서는 더 이상의 기쁨은 없을 것이다.

모로토미 요시히코

차례

머리말 외동아이는 나약하게 자란다? 5

1장 외동아이를 긍정적으로 키우는 육아의 기본 원칙

외동아이에 대한 부정적인 이미지는 근거가 없다 18

외동아이는 정말로 독선적이고 경쟁심이 없을까? 21

죄의식을 가질 필요는 전혀 없다 24

가정교육은 '느슨한' 정도로 해도 괜찮다 28

부모가 꼭 알아야 할 육아의 세 가지 단계 31

자존감을 길러주는 토닥토닥 스킨십과 사랑의 언어 33

훈육기로 접어들면 인생의 기본 규칙을 가르친다 37

훈육을 할 때는 긍정적인 말을 사용한다 40

1지시 1동작의 법칙 43

관망기에는 옆에서 가만히 지켜본다 45

어머니 혼자서 풀타임 육아가 가능한가 47

2장 외동아이의 장점과 단점

사랑의 독점은 심리적 안정과 연결된다 54

모든 아이는 어머니의 사랑을 독점하고 싶어 한다 57

자기부정적 감정을 끌어안지 않는다 59

외동아이는 교활하지 않다 61

상상력과 창조성이 발달한다 63

타협 능력을 기르는 체험을 제공한다 65

남을 배려하는 마음을 기르게 한다 67

연령 차이가 나는 아이들과 어울리게 한다 70

형제라도 연령 차가 네 살 이상이면 큰 의미가 없다 72

형제간의 경쟁은 큰 상처가 된다 75

경쟁심을 키우기 위해 다른 아이와 비교하면 안 된다 79

외동아이는 정말로 '형제가 없는' 외로움을 느낄까? 82

외동아이는 얌전한 것이 당연하다? 85

인간관계는 어떻게 훈련할까? 88

부모가 외동아이에게 지원해 주어야 할 것들 91

아이가 외톨이로 남을까 봐 걱정하지 마라 95

3장 마음의 회복력을 기르는 법

응석은 충분히 받아준다 100

아이의 회복력을 높이는 세 가지 포인트 104

회복력이 높은 아이의 특징 110

늘 당하기만 하는 아이가 스스로를 지키려면 112

아이에게 친구를 만들어준다 116

꼭 친구가 많을 필요는 없다 120

외동아이의 욕구를 키워준다 123

선택하는 능력을 훈련시킨다 126

함께 일하는 경험을 통해 협동심을 기른다 130

학교를 3일 이상 쉰다면 주의해야 한다 133

가정방문은 담임선생님만 하는 것이 아니다 137

외동아이는 노이즈에 약하다 139

자존심이 강해 상처받기 쉬운 아이라면 141

4장 외동아이를 키울 때 활용하는 네 가지 브레이크

네 가지 브레이크를 잘 활용하자 146

동생을 원한다는 말을 들었을 때의 대처 방법 153

아이의 놀이에 어디까지 동참해야 하는가 158

이혼할 때에 아이에게 해주어야 할 말 161

싱글맘은 모성이 부족해지기 쉽다 163

어머니가 일을 하면 외동아이가 더 외롭다? 166

5장 3인 가족의 위태로운 균형

수평관계로 긴장을 완화한다 172

수직관계를 엄격하게 지켜야 할 때 175

부부의 육아 방침이 다른 경우 177

외동아이의 입장에서 부모의 싸움만큼 괴로운 것은 없다 180

아버지는 어떤 식으로 육아에 참여해야 하는가 184

남편에게 도움을 요청하는 비결 188

'아빠와 아이' 둘이서 외출한다 191

불평을 하는 부모는 아이를 불행하게 만든다 194

부부 사이가 나빠도 아이와는 행복하게 지낼 수 있다 198

6장 자립을 위한 외동아이의 첫걸음

반항기는 어떻게 넘겨야 하는가 202

반항은 부모를 신뢰한다는 증거다 207

무조건 억압하는 것은 잘못이다 209

화가 날 때 부모의 대응 방법 211

대립 상황에서는 부모가 먼저 한발 물러난다 213

외동아이가 중학교에 진학할 때 219

고등학교 진학에서는 아이의 의지가 중요하다 221

중학생이 될 때까지 공부방은 필요 없다 224

사춘기 때 '자기만의 공간'이 하는 역할 226

혼자 생활하는 방법을 경험하게 한다 228

외동아이 육아의 최종 목표는 무엇인가 232

마치는 글 237

1장

외동아이를 긍정적으로 키우는
육아의 기본 원칙

외동아이에 대한
부정적인 이미지는
근거가 없다

"외동아이라서 독선적으로 자라지는 않을까 걱정
이에요."

"외동아이라서 사회성이 부족하잖아요. 스스로 친구를 만
들기가 어렵겠지요?"

"외동아이는 외로울 것 같아서 걱정이에요."

"친구에게 장난감을 빼앗기기만 하는 건 외동아이라서 그
렇겠지요?"

카운슬링이나 강연회에서 외동아이를 둔 부모들이 빼놓지
않고 하는 질문이다. 육아에 관한 강연을 끝낸 이후에 가장

많이 받는 질문도 외동아이 육아에 관한 것이다.

2012년 일본 포털사이트 goo의 콘텐츠인 'goo 랭킹'에서 '외동아이의 특징 랭킹'이라는 주제로 설문 조사(유효 응답자 수 1,064명)를 실시했는데, 이 조사에서 1위 '응석을 잘 부린 다', 2위 '버릇이 없다', 3위 '독선적이다' 등의 응답이 나왔다. 이 결과를 통해 외동아이에 대해 부정적인 이미지를 가진 사람이 많다는 사실을 알 수 있다.

그러나 외동아이가 독선적이라는 사실을 실증한 연구는 없다. 오히려 '외동아이' 쪽이 '형제가 있는 아이'보다 육아에 실패할 위험성이 낮으며, 안정되고 행복한 인생을 살 가능성이 높다. 이것은 30년 가까이 육아 상담을 한 뒤, 카운슬러인 내가 도달한 결론이다. 다시 말하면, '외동아이'라도 아무런 문제가 없다는 것이다. 그런데도 많은 사람들이 근거도 없이 외동아이는 '독선적'이라고 믿고 있고, 부모 스스로도 불안하게 생각한다.

부모는 평소에 "확실하게 가정교육을 하고 있으니까 독선적으로 자라지는 않을 거야"라고 생각하다가도 아이가 유치원이나 초등학교에서 친구들과 문제를 일으키면 "역시 외동아이라서 그런가" 하고 생각한다.

　외동아이의 부모는 아이의 단점을 무조건 '외동아이기 때문에'라고 연결 지어 생각하기 쉽다. 세상 사람들은 물론이고 부모 스스로도 그런 경향이 있다.

외동아이는
정말로 독선적이고
경쟁심이 없을까?

'외동아이는 독선적이다', '외동아이는 경쟁심이 없다', '외동아이는 협동심이 부족하다'는 식의 외동아이에 대한 부정적인 이미지는 우리나라나 일본에만 존재할까? 외동아이에 대한 고정관념을 연구한 에이드리언 맨시러스에 의하면 이러한 선입관은 에스토니아에서 브라질까지, 즉 모든 문화권에서 볼 수 있다고 한다.

외동아이가 지금까지 특별한 취급을 받게 된 계기는 19세기 말쯤으로 거슬러 올라간다. 미국의 그랜빌 스탠리 홀(Granville Stanley Hall)이라는 심리학자가 "외동아이는 그 자체가 이미

질병이다"라는 주장을 한 것이다. 외동아이를 둔 부모의 입장
에서는 도저히 흘려들을 수 없는 충격적인 주장이다. 그러나
이 주장의 시대적 배경을 살펴볼 필요가 있다. 19세기 말은
세계적으로 나라마다 부국강병을 추진하는 추세였고, 인구가
급증할 때였다. 이런 배경이 외동아이에 대한 비난을 강화시
켰다고 할 수 있다.

외동아이 중에는 정말로 독선적이고 성격이 특이한 사람이
많을까? 이 의문에 답하듯 아동심리학계에서도 다양한 연구
가 실시되었다.

사회심리학자 토니 팔보(Toni Falbo)는 가족 구성과 아이의
인격과의 관계를 분석한 수백 편의 연구를 살펴보고 외동아
이를 다룬 141건의 연구를 선별했다. 그리고 그 연구들을 세
밀하게 분석하여 다음과 같은 결론을 내렸다.

"개인의 성격에 있어서, 외동아이는 형제와 함께 자란 아
이들과 다른 점이 전혀 없었다. 외동아이가 고독하고 독선
적이며 적응력이 부족하다는 고정관념을 증명하는 연구는
존재하지 않는다."(패트리시아 내크만, 안드레아 톰프슨,《'외동

아이라서'라는 말은 하지 마라》)

여러 가지 자질 중에서 외동아이가 형제가 있는 아이보다 높은 점수를 받는 것은 '성취 의욕'과 '자신감'이다. 즉, '할 수 있다'는 자신감과 무엇인가를 '이루겠다'는 의욕은 형제가 있는 아이보다 높다. 또 외동아이는 보다 높은 학력, 보다 좋은 성적, 보다 명성 있는 직업을 지향하는 경향이 강하다.

이는 외동아이가 형제가 있는 아이와 전혀 다를 것이 없을 뿐 아니라 오히려 더 우수한 자질도 가지고 있다는 뜻이다.

죄의식을
가질 필요는
전혀 없다

"외동아이라서 아이한테 미안해요. 외롭잖아요."

"형제를 낳아주지 못해서 아이에게 미안해요."

외동아이를 키우는 부모라면 한 번쯤 이런 생각을 한 적이 있을 것이다.

결혼이 늦었다. 자연의 순리에 맡겨두었더니 둘째가 생기지 않았다. 불임 치료가 결실을 거두지 못했다. 아이가 하나인 상태에서 이혼했다……. 본인의 의지로 아이는 하나만 두겠다고 생각한 사람이건, 본인의 의지와는 달리 하나밖에 두지 못한 사람이건, "나 때문에 외동아이가 되어버렸어. 아이에게 미안해"라는 죄책감을 가진 부모가 적지 않을 것이다.

하지만 분명히 말하건대, 그런 죄의식을 가질 필요는 전혀 없다. 당신의 소중한 아이를 위해서라면, 지금 당장 그런 죄의식을 떨쳐버려야 한다.

아무리 어려도 아이는 부모의 심리에 민감하다. 부모와의 관계성이 짙은 외동아이인 경우에는 그러한 성향이 더욱 강하다. 부모가 스스로 "외동아이는 외로워서 불쌍해"라는 식으로 생각하면 그 생각은 그대로 아이에게 전달된다. 아이는 부모가 끌어안고 있는 부정적인 생각을 날카롭게 알아챈다. 그리고 "형제가 없는 나는 외롭고 불쌍한 아이야"라고 생각하기 시작한다.

육아에서 가장 중요한 것은 아이의 마음에 자기긍정의식(자존감)을 심어주는 것이다. 자기긍정의식이란 "나는 평균 이상이기 때문에 잘될 거야", "나는 행복해질 수 있어", "나는 노력하면 무엇이든 할 수 있는 사람이야", "인생은 즐거운 거야!"라고 하는 긍정적인 생각이다. 이 기본적인 자기긍정의식을 가지고 있으면 인생에서 힘든 일, 괴로운 일이 있을 때에도 잘 이겨낼 수 있다.

반대로 자기긍정의식이 형성되지 않아 "나는 어쩌면 부족한 사람일 수도 있어"라는 식의 자기부정의식만 가지고 있으면 힘들거나 괴로운 일이 생겼을 때 그 상황을 이겨낼 수 없는 아이가 되어버린다. 마음이 약해지기 쉬운 것이다.

그렇기 때문에 부모부터 "외동아이라도 상관없어. 그게 어때서?"라는 긍정적인 생각을 가져야 한다. 그리고 틈날 때마다 "세상에서 네가 가장 소중해"라는 말을 아이에게 해주어야 한다.

실제로도 외동아이는 부모의 애정을 독점할 수 있는 '행복한 아이'다. 일반적으로는 형제가 없다는 것을 단점이라고 생각하기 쉽지만 형제들끼리의 다툼은 양쪽 모두에게 커다란 마음의 상처를 남긴다. '형제간의 다툼'을 경험하지 않는다는 것은 외동아이의 가장 큰 장점이다.(75쪽 참조)

또한 혼자 있는 시간이 길다는 것은 자신의 내면세계와 대화를 나누고 창조성을 높이는 결과를 낳는다. 외동아이의 약점이라고 알려져 있는 타인과의 타협이나 협동심 문제는 약간만 신경을 쓰면 보완할 수 있다.(65쪽 참조)

형제가 있고 없고는 아무런 상관이 없다. 외동아이를 행복하게 키우는 데 가장 기본이 되는 조건은 부모, 특히 어머니의 마음이 안정되어 있고 행복해야 한다는 것이다.

우선, 하나의 소중한 생명이 나를 찾아온 것에 감사하자. 그리고 "엄마에게는 네가 세상에서 가장 소중한 보물이야", "네가 세상에서 가장 소중해"라는 말을 아이에게 끊임없이 속삭여주며 사랑을 전달하자.

토닥토닥, 스킨십도 중요하다.

이것이 외동아이를 강하고, 따뜻하며, 늠름하게 키우는 가장 중요한 원칙이다.

가정교육은
'느슨한' 정도로 해도
괜찮다

보다 훌륭하고 예절 바른 사람으로 키워야 한다는 이유에서 필요 이상으로 엄격한 가정교육을 하는 부모들이 꽤 많다. 하지만 지나치게 엄격한 가정교육은 아이의 마음에 평생 남는 상처를 주게 된다. 그것은 물리적인 폭력과 동일한 행위라고 볼 수 있다.

특히 외동아이를 둔 부모는 일찍부터 "너무 감싸주면 안 돼", "밖에서는 손을 잡고 다니면 안 돼", "버릇없이 행동하면 엉덩이를 때려줘야겠어", "무엇이든 혼자 할 수 있도록 가르쳐야 해", "경쟁심을 길러주려면 또래의 라이벌과 경쟁하

게 해야겠어" 등등 지나치게 엄격한 교육을 고수하는 경우가
많다.

"외동아이라서 응석받이라는 말은 듣고 싶지 않아."

"외동아이라서 제멋대로 행동한다는 말을 듣지 않도록 확
실하게 교육을 시켜야 돼."

이런 압박감이 부모를 지나치게 엄격한 교육을 하도록 몰
아세우기 때문이다. 그러나 지나치게 엄격한 교육은 백해무
익이다.

"나는 쓸모없는 인간이야."

"나는 어차피 안 돼."

엄격한 교육은 아이의 마음에 이러한 부정적인 생각을 축적
시켜 '의지가 약한 아이'로 자라게 만든다. 아이가 긴 인생을
행복하게 살 수 있는가, 그럴 수 없는가의 여부는 초등학교에
입학하기 전까지 "엄마, 아빠는 나를 정말 사랑해"라는 의
식을 완전히 형성시켰는가, 그렇지 않은가에 달려 있다.

부모의 입장에서는 사랑하기 때문에 더 엄격하게 교육을
시키는 것이지만 아이에게 그런 감추어진 마음까지는 전달되
지 않는다. 오히려 아이가 행복하게 살아갈 힘을 빼앗는 결과

만 가져올 뿐이다.

외동아이를 둔 부모의 눈길은 하루 24시간 늘 아이에게 향해 있다. 그렇기 때문에 가정교육은 '느슨한' 정도로만 해도 충분하다.

부모가
꼭 알아야 할
육아의 세 가지 단계

앞서 출간한 저서 《남자아이 키울 때 꼭 알아야 할 것들》, 《여자아이 키울 때 꼭 알아야 할 것들》에서도 설명했듯이, 육아에는 세 가지 단계가 있다.

❶ 사랑기: 0세부터 6세 정도까지의 영유아기(태어나서부터 놀이방, 유치원까지)

❷ 훈육기: 6세부터 12세 정도까지의 아동기(초등학생 시기)

❸ 관망기: 10~12세부터 18세 정도까지의 사춘기(초등학교 고학년에서부터 대학생 정도까지)

가정교육은 초등학교에 입학한 뒤에 시작해도 늦지 않다. 초등학교에 입학할 때까지는 마음껏 응석을 부리게 해도 된다. 초등학교에 입학한 이후에는 사랑기의 분위기를 유지하면서 기어를 조금씩 훈육하는 방향으로 바꾸어야 한다.

사춘기로 접어들면 다시 기어를 바꾼다. 이때는 어른으로서 날개를 펼칠 수 있도록 자연스럽게 떼어놓고 '자기 만들기'라는 과제에 몰입하는 아이의 모습을 조용히 지켜보는 것이 중요하다.

외동아이 중에는 친구에게 장난감을 빌려주지 않거나 함께 어울리지 못하는 아이도 간혹 있다. 하지만 초조해할 필요는 없다. 형제는 '처음 만나는 타인'이라고 한다. 형제가 없는 외동아이는 '타인'을 만나는 시간이 약간 늦을 뿐이다. 출발 시간은 늦을 수 있지만 부모가 동년배의 아이들과 어울릴 수 있는 기회를 많이 만들어줌으로써 충분히 보완할 수 있다.

지나치게 신경을 쓰지 않는 것이 외동아이를 즐겁게 키우는 비결이다.

자존감을 길러주는
토닥토닥 스킨십과
사랑의 언어

사랑기(0~6세)는 육아의 토대라고도 말할 수 있는 중요한 시기다. 가정교육을 시킨다는 차원에서 잔소리를 하고 야단을 치는 것보다는 '아들 바보', '딸 바보'가 되어 마음껏 사랑을 쏟자.

"우리 ○○, 사랑해" 하고 자주 속삭여주면 부모의 사랑을 듬뿍 받은 아이는 "내 부모님은 나를 사랑해", "나에게는 나를 사랑하는 부모님이 있어"라는 '마음의 안전기지'를 구축할 수 있다. 그 결과 아이의 마음에 안정감이 생기고, "실패해도 괜찮아", "이것도 해보고 저것도 해봐야지" 하는 자신감과 자기긍정의식을 가지게 된다.

되풀이해서 말하지만, 이 자기긍정의식이야말로 부모가 아이에게 선물할 수 있는 가장 큰 선물이다. 힘든 상황에 부딪히더라도 쉽게 무너지지 않는 강한 마음, 실패를 해도 다시 노력하면 된다는 자신감을 가지고 의연하게 이겨낼 수 있는 마음을 기르게 되는 것이다.

충분히 사랑해줘야 한다는 걸 알지만 무엇을 어떻게 해야 할지 잘 몰라 당황해하는 어머니도 있을 수 있다. 아이에게 가장 필요한 애정은 스킨십이다.

- 사랑하는 마음을 담아 부드럽게 안아준다.
- 토닥토닥 두드려준다.
- 힘주어 꽉 안아준다.
- 뺨에 뽀뽀해준다.

아이는 기분 좋은 포옹이나 스킨십을 좋아한다. 엄마가 자신을 소중하게 생각하고 있다는 사실을 피부로 느낄 수 있기 때문이다.

"외동아이인데 이렇게 응석을 받아줘도 되는 것일까?" 하는 걱정은 할 필요가 없다. 어린 시절에 지나치다 싶을 정도로 충분한 응석을 부리는 것이 단단한 마음의 토대를 만들어준다. '응석'을 부리는 경험을 통하여 아이의 마음에는 에너지가 쌓이는 것이다. '응석을 부리는 것'이 '노력할 줄 아는 강한 아이'로 자라게 한다.

사랑이 담긴 포옹이나 스킨십은 아이의 심리적 문제를 해결하는 특효약이다. 유치원에 가지 않으려 하고, 늑장을 부리고, 버릇없이 행동하고, 편식을 하고, 밤에 우는 등의 문제 행동은 대부분 힘주어 끌어안아 주고, 눈을 보고 사랑한다고 말해주고, 따뜻하게 입을 맞추어주는 등의 끊임없는 부모의 애정 표현을 통해서 해결된다.

외동아이가 딸이라면 부모의 애정이 담긴 스킨십은 아이에게 '자신의 몸과 마음을 소중하게 여기는 감각'을 길러줄 수도 있다. 이는 장차 아이가 10대 후반에서 20대 초반이 되었을 때 충족되지 않는 마음을 채우기 위한 방편으로 섹스를 선택할 우려를 미연에 방지하는 역할을 한다.

틈날 때마다 애정을 말로 표현하는 것이 좋다.

"우리 ○○는 정말 예뻐. 사랑한다."

"우리 ○○는 엄마에게 가장 소중한 보물이야."

굳이 말하지 않아도 마음을 알 수 있다는 생각은 잘못된 것이다. 사랑은 언어를 개입시키지 않으면 전달되지 않는다.

"이건 너무 지나친 게 아닐까?", "너무 사랑해주는 것이 아닐까?" 하는 느낌이 들 정도로 사랑을 듬뿍 전달해야 한다.

훈육기로 접어들면 인생의 기본 규칙을 가르친다

6세에서 12세까지의 훈육기는 사랑기의 연장선에서 충분히 사랑을 쏟으면서도 확실하게 '훈육'하는 시기다. 아이에게는 학교에서의 집단행동 등을 통하여 사회 규칙이나 인생의 기본적인 규칙을 배우는 시기다.

이 시기에 접어들면 지금까지 사랑을 주는 데 충실했던 부모도 어깨에 힘을 주고 아이를 가르치기 시작하는 경우가 많다. 아이가 부모의 품을 떠나 자기 혼자 친구들의 집에 놀러 가거나 학교나 학원 등에서 타인과 경쟁하는 상황이 형성되기 때문이다.

부모는 이 시기에 "우리 아이가 인사는 잘 하고 있을까?", "신발은 잘 정리해 놓았을까?", "화장실을 깨끗하게 사용하고 있을까?" 등의 걱정을 하게 된다. 그래서 야무지지 못하다는 말을 듣지 않도록 확실하게 훈육을 해야 한다는 압박감으로 잔소리를 늘어놓기 쉽다.

그러나 지나친 것은 '독'이다. 기본적으로 이 시기는 인생의 기본적인 규칙만 갖추면 된다. '인생의 기본적인 규칙'이란 다음과 같은 것이다.

- 사회의 규칙을 지킨다(신호를 지키거나 윗사람을 공경하는 것 등).
- 예의 바르게 인사를 한다.
- 다른 사람의 마음에 상처를 주지 않는다.
- 물건을 함부로 다루지 않는다.
- 약속을 지킨다.
- 자기가 해야 할 일은 스스로 한다.
- 돈을 빌려주거나 빌리지 않는다.

이런 규칙을 가르칠 때 특별히 주의해야 할 점이 있다. 가족끼리의 여가 활동을 위해 평일에 몇 번이나 학교를 쉬게 해서는 안 된다. 최근 비용이 싼 시기에 해외여행을 가거나 한가한 날에 유원지로 놀러가기 위해 학교를 쉬게 하는 경우가 많다. 한두 번 정도는 괜찮지만 이런 상황이 몇 번이나 되풀이되면 아이는 "학교에 가지 않아도 되는구나", "엄마도 규칙을 어기는데 나라고 꼭 지킬 필요가 있나?" 하고 생각하게 된다. 아이는 언제나 부모의 언행을 눈여겨보고 있다는 사실을 명심해야 한다.

훈육을 할 때는
긍정적인 말을
사용한다

규칙을 지키게 한다는 이유에서 지나치게 엄하게 꾸짖는 행동은 삼가야 한다. 부모에게서 잔소리를 듣고 자진해서 규칙을 지키게 되는 아이는 거의 없다. "이걸 하지 않으면 야단맞을 거야"라는 마음으로 규칙을 지키다 보면 타율적인 아이가 된다. 즉, "내가 규칙을 지키도록 하는 게 엄마의 일이야"라고 생각하는 것이다.

사람은 하기 싫은 마음으로는 배울 수 없다. 무엇인가 가르치고 싶을 때에는 반드시 아이를 기분 좋게 만들어야 한다. 여기에는 긍정적인 말투가 중요하다. 아이가 "이건 재미있어!

이걸 하면 기분이 좋아!"라고 생각할 수 있도록 긍정적인 말로 이끌어주자.

부정적인 말

☁ "왜 약속을 안 지키니?"

☁ "도대체 언제 정리할 거야?"

➡ '약속'을 지키거나 '정리'를 하는 것은 기분 나쁜 일이라고 생각하게 된다.

긍정적인 말

☀ "약속을 지키면 즐겁게 놀 수 있지?"

☀ "깨끗하게 정리하면 기분이 좋지?"

➡ '약속'을 지키거나 '정리'를 하는 것은 기분 좋은 일이라고 생각하게 된다.

정리를 못하는 아이라면 처음에 10분 정도 부모도 즐거운 분위기로 아이와 함께 정리하도록 한다. '정리를 한다는 것은 기분 좋고 즐거운 일'이라는 것을 말이 아니라 부모의 행동으로 보여주는 것이다.

1지시
1동작의
법칙

"빨리 네 방 정리해! 아직 학교 갈 준비도 하지 않았잖아! 숙제는 했어?"

이런 식으로 여러 가지 지시를 한 번에 이야기하고 있지는 않은가? 이것은 수업이 서투른 선생님 같은 방식이다. 반면 수업을 잘하는 선생님은 어떤 수준의 아이를 상대하더라도 확실하게 이해할 수 있도록 말한다.

한마디로 1지시 1동작이다. 한 번에 여러 가지 지시를 내리는 행동은 하지 말자. 한 가지 지시를 통해서 한 가지 일을 처리하게 하고, 그 행동을 수행한 이후에 다음 행동에 대한 지시를 내린다.

또 아이에게 무엇인가를 시킬 때에는 간단한 것부터 한 가지씩 시작해서 서서히 난이도를 높여가야 한다. 이것은 행동 심리학의 '스몰 스텝의 원칙'을 바탕으로 삼은 방식이다. 작은 일부터 "나도 할 수 있어"라는 성취감을 쌓게 하는 것이 중요하다.

관망기에는
옆에서 가만히
지켜본다

"아이가 초등학교 4학년 정도일 때까지만 집에 있고, 그 이후에 아이가 어느 정도 자라면 다시 일을 시작해야지"라고 말하는 어머니가 적지 않다. 하지만 10~12세부터 15세까지의 사춘기는 아이의 마음이 가장 불안정한 시기다. 그렇기 때문에 이 시기에야말로 가능하면 어머니가 집에 있어야 한다.

초등학교 고학년이 되면 남자아이는 에로틱한 책이나 영상에 흥미를 느끼고, 심신의 변화에 당황해한다. 여자아이는 그룹에서의 인간관계에 신경을 곤두세우고 따돌림 등의 문제로 고민한다. 밝게 행동하기는 해도 마음속으로는 "이런 건 아무에게도 말할 수 없어"라고 생각하며 자기만의 고독감을 끌어안게 되는 것이다.

　가정에서 외동아이가 상담할 수 있는 상대는 부모밖에 없다. 따라서 초등학교 고학년이 되면, 어머니는 가능하면 집에 있는 시간을 늘리고 내면적으로 갈등을 끌어안고 있는 외동아이가 언제든지 도움을 청할 수 있도록 배려해야 한다.

　이때 안심할 수 있는 관계를 형성하고 안정된 분위기를 연출해야 한다. 집에 있으라고 해서 아이의 행동을 감시하라는 것이 아니다. 사춘기는 '자신을 만드는 시기'다. 부모로부터 벗어나 부모와는 다른 자신을 만드는 과정이니 한 발짝 물러나서 지켜봐야 한다. 그리고 힘들거나 괴로운 일이 있으면 언제든지 힘이 되어줄 수 있다는 마음을 전하며 아이가 SOS를 보내기를 기다려야 한다. 아울러, 아이의 행동을 모두 파악하고 돌보아주어야 하는 시기는 끝났다는 사실을 명심해야 한다.

어머니 혼자서
풀타임 육아가
가능한가

일본 부모는 다른 나라의 부모와 비교하면 스킨십이 부족하고 애착이 약하다. '확실하게 키워야 한다'는 압박감이 일본 어머니들의 어깨를 강하게 짓누르고 있는 것이 그 이유 중 하나다.

최근에는 육아에 적극적인 남편도 증가하고 있지만 아직 소수에 불과하다. 육아는 어머니가 담당하는 것이 당연하다고 생각하는 가정이 훨씬 많은 편이다. 그럴 경우, "나 혼자서 따뜻한 어머니의 역할과 엄한 아버지의 역할을 모두 담당해야 한다"는 생각이 강해 어머니의 심리적인 부담은 더 크다.

"확실하게 교육시켜야 해."

"공부나 운동에서 뒤지지 않도록 미리 학습시켜야 해."

이런 생각이 머리에 가득한 나머지 '마음껏 사랑해주고', '힘주어 안아주는' 등 육아에서 가장 중요한 일들이 뒤로 밀려나기 쉽다.

어머니의 이런 부담감과 압박감을 혼자 감당해야 하는 '외동아이'는 힘이 들 수밖에 없다. 형제가 있으면 기대나 불만이 분산될 수 있지만 외동아이는 그렇지 않기 때문이다.

특히 풀타임으로 아이를 양육하는 전업주부들은 이런 생각이 강하다. 다섯 살짜리 외동딸을 키우고 있는 마유미 씨는 다음과 같은 고민을 털어놓았다.

"우리 아이 유치원 학부모들 중에 회사에 다니는 어머니들이 몇 명 있어요. 그래서 유치원에 할아버지나 할머니가 아이들을 데려다주시는 경우가 많은데, 가끔 미술 준비물을 잊어버리고 와서 우리 아이에게 빌리기도 한대요. 그런 말을 들으면 '왜 자기 아이를 제대로 돌보지 않을까' 하는 생각이 들어요. 물론 각자 알아서 양육하는 방법이 있을 거예요. 하지만 저는 아이들과의 시간을 소중히 여기고 싶어서 자진해서 일을 그만두었는데……. 왠지 억울하다는 생각이 들어요."

마유미 씨의 마음을 충분히 이해할 수 있다. 마유미 씨는 다른 사람의 양육이나 생활 방식을 부정하는 것이 아니다. 혼자 24시간 육아를 담당해야 하는 '풀타임' 육아를 견디기 힘들어할 뿐이다. 어른끼리 이런저런 대화도 나누고 싶은데 남편은 일 때문에 늘 지쳐 있다. 하루 종일 아이와 단둘이 시간을 보내는 데서 오는 고립감……. 육아는 즉시 성과를 느낄 수 있는 일도 아니고 다른 사람으로부터 감사의 말을 들을 수 있는 일도 아니다. 아무리 노력해도 끝이 없고 보답조차 없다는 마음에서 허무함은 더욱 깊어진다.

그런 상황에서 주변에 일을 계속하고 있는 어머니들을 보면 일종의 부러운 마음도 들고, 부정하고 싶은 마음도 드는 것이다. 머릿속으로는 자신이 선택한 길이라는 사실을 잘 알고 있지만 그래도 밀려드는 허무함을 어쩔 수 없다.

어느 유치원 강연회에서 어머니 500명에게 다음의 A, B, C 중 어떤 생활이 스트레스를 가장 덜 받을지, 어떤 생활이면

보다 안정된 마음과 미소 띤 얼굴로 아이를 대할 수 있을지 설문 조사를 실시한 적이 있다. 결과는 다음과 같다.

A. 하루 종일 아이와 함께 시간을 보낸다. : 20명
B. 직장에 다니면서 아이와는 하루에 다섯 시간 정도 함께 보낸다. : 40명
C. 하루 다섯 시간 정도 파트타임으로 일하고 나머지 시간은 아이와 함께 보낸다. : 440명

전업주부로서 풀타임 육아를 담당하더라도 정신적으로 스트레스를 받지 않는다는 어머니는 소수에 불과하다. 정도의 차이는 있지만 모두 스트레스를 받고 있는 것이다.

어머니가 자주 초조한 표정을 하며 불평을 늘어놓거나 불행한 모습을 보이면 아이는 "내가 있으면 엄마는 불행해", "엄마는 나하고 있으면 불안한 거야"라고 생각한다. 어머니의 초조한 모습을 혼자 감당해야 하는 외동아이의 입장에서 보면 이것은 상당히 큰 심리적 충격이다.

하루에 몇 시간 정도면 당신이 아이와 단둘이 있어도 초

조해하지 않고 안정된 마음으로 미소를 띠며 아이를 상대할 수 있겠는가?

하루에 다섯 시간이 한계라면 빨리 풀타임으로 일할 수 있는 직업을 찾아야 한다. 비록 하루 다섯 시간만이라도 그 시간만큼은 안정된 마음으로 아이를 상대할 수 있다면 그것 역시 훌륭한 육아다. 초조하고 답답한 마음으로 오랫동안 아이를 상대하는 것보다는 훨씬 낫다. 만약 24시간 함께 있어도 상관이 없다면 당신은 전업주부로서 육아가 적성에 맞는 사람이다. 대부분의 어머니들처럼 하루 다섯 시간 정도만 아이에게서 벗어날 수 있기를 바란다면 파트타임으로 일할 수 있는 직업을 찾는 것이 좋다.

이처럼 어떤 스타일이 가장 안정된 마음으로 즐겁게 아이를 상대할 수 있는가 하는 문제는 사람에 따라 다르다. 자신에게 맞는 스타일로 아이를 돌보는 것이 가장 바람직하다. 어머니에게서 아이가 받는 사랑은 양보다는 질이 중요하다.

2장

외동아이의
장점과 단점

사랑의 독점은
심리적 안정과
연결된다

외동아이의 가장 큰 장점은 뭐니 뭐니 해도 부모의 사랑을 독점할 수 있다는 것이다.

외동아이인 데츠야는 초등학교 5학년이다. 하루는 친구 유타가 "카드 사러 가자. 가게는 좀 멀지만 우리 엄마가 자동차로 데려다 준대. 가이토도 같이 갈 거야"라고 데츠야에게 말해서 데츠야도 함께 가기로 했다.

그런데 이 이야기가 친구들에게 퍼지자 같이 가고 싶다는 아이들이 더 나타났다. "자동차에 탈 수 있는 인원은 엄마 빼고 세 명뿐이라서 안 돼" 하고 유타가 거절했지만 그중의 한 명이 자기도 데려가 달라면서 울음을 터뜨렸다.

그때 구세주가 나타났다. 데츠야였다. 데츠야는 미소를 지으며 "나는 됐으니까 대신 네가 가" 하며 울고 있는 친구를 달랬다. 데츠야 덕분에 상황은 부드럽게 마무리되었다.

데츠야의 어머니는 나중에 유타의 어머니에게서 이 이야기를 전해 들었다.

"우리 유타가 그러는데 데츠야는 어른이래요."

외동아이들 중에는 이처럼 어떤 문제에 집착하지 않고 다른 사람에게 양보할 줄 아는 여유를 가진 아이가 많다. 어머니의 입장에서는 "가고 싶으면 그냥 가면 되는데……. 늘 다른 아이에게 양보만 하며 손해 보는 인생을 살게 되지는 않을까" 하고 걱정할 수도 있다. 하지만 부모의 사랑을 독점하며 자라난 외동아이는 정신적·물리적으로 충족되어 있고 심리적으로도 안정되어 있기 때문에 굳이 어떤 문제에 집착하지 않는 것일 뿐이다.

여기에서 중요한 점은 하고 싶지만 참는다거나 다른 아이의 압력에 밀려서 '가지 않겠다'고 말하는 것이 아니라는 점이다. "나는 나중에 다시 기회가 있을 때 가면 돼. 울음을 터뜨릴 정도로 가고 싶은 친구에게 양보하자" 하고 다른 사람을 배려하는 '마음의 여유'에서 나오는 자연스러운 행동이라는 것이다. 이것이 부모로부터 듬뿍 사랑을 받음으로써 마음이 안정되어 있는 외동아이의 장점이다.

모든 아이는
어머니의 사랑을
독점하고 싶어 한다

나는 형제를 키우는 부모에게 "모든 아이들을 공평하게 대하지 말고 편애하십시오"라고 조언하고 있다.

"엄마는 ○○가 세상에서 제일 좋아!"

"엄마는 ○○가 우주에서 제일 좋아!"

이런 식으로 편애하면 형제가 있는 아이들도 부모가 자신을 세상에서 가장 소중하게 여긴다고 생각한다. 이러한 노력이 아이의 마음에 안정적인 토대를 만들어준다.

동생이 생긴 아이가 부모에게 이런 질문을 던지는 경우가 종종 있다.

"나하고 ○○하고 누가 더 좋아?"

동생에게 부모의 사랑을 빼앗기는 것이 아닌지 걱정이 되기 때문이다. 이때 "둘 다 좋지"라고 대답해서는 아이를 만족시키기 어렵다. "네가 세상에서 제일 소중하지"라고 대답해야 한다. 자녀 모두가 "세상에서 내가 가장 사랑받고 있어"라고 생각할 수 있도록 만드는 육아가 최고의 육아다.

어머니의 애정을 독점할 수 있는 체험은 부모가 상상하는 것 이상으로 아이의 '마음의 안정'과 연결된다. 외동아이의 마음이 안정되어 있는 이유는 부모의 사랑을 다른 누군가에게 빼앗길 걱정이 없는 데서 오는 안도감에 있다.

자기부정적 감정을
끌어안지
않는다

외동아이 육아에서의 가장 큰 장점은 아이가 "아빠와 엄마는 나보다 다른 형제를 더 사랑해"라는 자기부정적인 마음을 전혀 갖지 않는다는 것이다.

내가 카운슬러로서 30년 가까이 활동해 온 경험을 토대로 볼 때, 열심히 살고 있는데도 늘 '불행한 습관'이 배어 있는 사람들은 대부분 어린 시절에 다른 형제보다 사랑을 덜 받는다고 생각하며 자랐다는 것이다.

부모의 사랑을 독점할 수 있다는 데서 오는 마음의 안정은, 바꾸어 말하면 "나는 다른 형제보다 사랑을 덜 받고 있다"는 자기부정적 감정을 끌어안지 않는다는 말이다. 인생 최대의 불행을 피할 수 있는 것이다. 이것은 아무리 강조해도 지나치지 않은 가장 큰 장점이라 할 수 있다.(75쪽 참조)

외동아이는
교활하지
않다

외동아이의 또 한 가지 장점은 다른 사람을 앞지르려는 '교활함'이 없다는 것이다.

물심양면으로 충족되어 있는 외동아이는 교활한 속임수를 사용해서라도 무엇인가를 손에 넣으려는 생각이 없다. '다른 사람을 제치고라도' 빼앗거나 얻으려는 욕심이 없는 아이, 즉 심적으로 여유 있는 아이가 많다. 이는 어린 시절부터 자신의 실패를 다른 형제 때문이라고 생각한 경험이나 다른 형제를 제치고 자신이 가지고 싶은 것을 손에 넣으려고 경쟁한 경험이 없기 때문이다.

그런 아이를 보며 "우리 아이는 영 요령이 없어요"라고 걱정하는 부모도 있다. 하지만 긴 안목으로 봤을 때, '교활함이 없다'는 장점으로 인해 주위 사람들에게 '신뢰할 수 있는 사람'이라는 평가를 받을 수 있다. 이것은 살아가는 데에 있어서 매우 중요한 자산이다.

상상력과
창조성이
발달한다

외동아이의 장점은 이외에도 많다. 부정적으로 생각하기 쉬운 '경쟁심이 없다', '혼자 보내는 시간이 많다'는 특징은 창조성을 양성하는 데에 큰 도움이 되는 장점이다.

경쟁만을 강조하면 진정한 창조성이 만들어지지 않는다. 승패에 지나치게 얽매이다 보면 정말 좋은 것을 만들자는 마음보다 상대보다 더 좋은 평가를 받는 것을 만들자는 마음이 앞서 '일반적으로 좋은 것'을 만들기 위해 노력하게 된다.

혼자 보내는 시간은 결코 외롭고 고통스러운 시간이 아니다. 자유로운 사고나 공상을 통하여 내면세계에서 풍요로운 시간을 보내고 있는 것이다. 어른의 눈으로 보면 단순히 멍하니 앉아 있는 것처럼 보일 때도 아이는 자기만의 독자적인 세계를 구축하고 있다.

《아이가 혼자 있는 시간》의 저자 엘리스 볼딩(Elise Boulding)은 일상생활에서 아이가 혼자 있는 시간이 얼마나 중요한지를 지적했다. '사람에게는 혼자 있을 때만 발생할 수 있는 일종의 내면적 성장'이 있기 때문에 혼자가 되어 자신과 대화하는 시간을 가지지 못하고 끊임없이 외부세계로부터 자극을 받으면 그 자극에 익숙해져서 상상력이나 창조성의 발달에 저해된다는 것이다.

외동아이가 혼자 보내는 시간이 많아서 안쓰럽다는 것은 어른들의 생각이다. 형제나 친구와 함께 노는 것도 중요하지만 그와 마찬가지로 혼자 보내는 시간도 독자적인 내면세계를 구축하는 데 매우 중요하다. 따라서 이때 부모는 '상상력과 창조성을 키우고 있는 것'이라고 생각하고 조용히 지켜보면 된다.

타협 능력을
기르는 체험을
제공한다

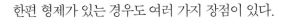

　　　　　한편 형제가 있는 경우도 여러 가지 장점이 있다.

　"저 장난감을 가지고 놀고 싶은데 지금은 형이 가지고 놀고 있어서 기다려야 해."

　"좋아하는 케이크를 혼자 다 먹고 싶지만 여동생과 나누어 먹어야 해."

　이런 식으로 형제와의 이해관계가 충돌하는 과정을 통하여 서로 타협하고 절충하는 자세를 배울 수 있다. 한마디로 말하면 사회성을 기를 수 있다.

　자신의 욕구를 관철시키기 위해 자기주장을 하고 형제와

싸움을 되풀이하는 동안에 다음과 같이 생각한다.

"조금만 더 기다렸다가 형에게 달라고 해야지."

"여동생도 이 케이크를 좋아하니까 나누어 먹자."

이렇게 체험을 통해서 상대의 기분을 생각하고 인간관계를 원활하게 유지하는 방식을 배울 수 있다. 뜻이 맞지 않는 타인을 만나거나 어떠한 상황에 놓였을 때 '절충하고 타협하는 능력'을 배우게 되는 것이다.

물론 부모와의 관계 속에서도 "지금은 엄마가 바빠서 놀 수 없어. 30분 정도 기다렸다가 놀아야지" 하고 타협하는 능력을 배울 수 있다. 하지만 어른은 보통 가능하면 아이에게 양보를 한다. 형제처럼 100퍼센트 전력을 다해서 부닥치지는 않는다. 자신의 의견을 관철시키기 위해 상대의 주장을 어느 정도 받아들이는 것이 좋은가 하는 양보나 협력은 형제가 있는 아이 쪽이 더 빨리 체득할 수 있다.

남을 배려하는
마음을 기르게
한다

초등학교 1학년 외동딸을 키우고 있는 한 어머니가 상담을 하러 왔다.

"얼마 전에 우리 딸 치카코와 함께 치카코의 친구 집에 놀러간 적이 있어요. 그 친구에게는 다섯 살짜리 남동생이 있는데 컨디션이 나쁜지 갑자기 토하더군요. 그러자 치카코의 친구가 즉시 걸레를 가져와서 뒤처리를 했어요. 그런데 우리 치카코는 '우아, 더러워!' 하며 그 자리를 피하는 거예요."

"아직 비슷한 상황을 겪어본 적이 없어서 깜짝 놀랐을 수도 있지요."

"그럴 수도 있겠네요. 자기는 늘 보살핌을 받는 쪽이고 누군가를 보살펴줄 기회는 없었으니까요."

"친척들이 모였을 때 사촌들하고 종종 어울리는 경우는 있습니까?"

"사촌이 없어요. 지금까지 외동딸이라는 사실을 의식한 적은 없는데 약자를 배려하는 따뜻한 마음이나 서로 협조하는 자세가 결여되어 있는 것은 아닌지 걱정이 돼요."

"괜찮습니다. 경험이 부족할 뿐입니다. 따뜻하게 배려하는 방법이나 협동심은 충분히 보완할 수 있습니다."

"그래요? 정말 다행이네요. 어떻게 하면 되나요?"

"예를 들면, 애완동물을 키우거나 할아버지, 할머니와 자주 어울릴 수 있도록 하십시오."

"그것만 하면 되나요?"

"네, 그것뿐입니다."

어머니와 아이 둘만의 관계에서는 항상 어머니는 도와주는 사람, 아이는 도움을 받는 사람이 된다. 형제가 없다는 데서 오는 단점으로는 흔히 '경쟁의식이 부족하다'는 점을 꼽지만 그 이상으로 중요한 것이 형제 사이에서 자연스럽게 배우는 '배려', '이해', '협조'라고 할 수 있다.

　물론 부모로부터 사랑만 받고 자라는 외동아이는 사랑을 표현하는 방법을 확실하게 배웠기 때문에 시간이 흐르면 주위 사람들을 사랑할 수 있게 된다. 하지만 부모와 자식 사이에서는 치카코의 경우처럼 항상 어머니는 사랑을 주는 사람, 아이는 사랑을 받는 사람이라는 관계가 형성되기 쉽다. 그래서 나는 외동아이의 부족한 경험을 보완하는 방법으로 애완동물을 키우거나 할아버지와 할머니, 또는 아이보다 나이가 어린 아이들을 자주 만날 수 있는 기회를 만들라고 조언한다.

　애완동물을 돌보는 일은 당연히 아이에게 맡긴다. 자기가 정성을 들여 돌보지 않으면 살 수 없는 '자기보다 약한 존재'를 돌보며 배려를 몸소 체험할 수 있다.

　할아버지, 할머니를 대하는 언행은 부모가 모범을 보여야 한다. 방이나 자동차의 문을 열어드리고 신발을 가지런히 놓아드리는 등 '어떤 식으로 도와드려야 하는지'를 구체적 행동으로 보여주면 아이도 부모의 언행을 그대로 따라 하게 된다.

연령 차이가 나는
아이들과
어울리게 한다

아이를 일찍부터 보육 시설에 보내는 것도 좋은 방법이다. 보육 시설의 장점은 0~1세라는 이른 시기부터 같은 또래 아이들은 물론이고 연령 차이가 나는 아이들과도 집단 생활을 할 수 있어서 '유사 형제 관계 체험'을 할 수 있다는 점이다.

자기가 할 수 없는 일을 할 줄 아는 연상의 아이들에 대해 동경하는 마음을 가지거나 자기보다 힘이 약한 연하의 아이들을 돌보아주며 따뜻한 배려와 이해심을 배우는 것이다.

나는 외동아이의 어머니에게도 일을 할 것을 권한다. 어머니도 오랫동안 아이와 단둘이 지내다 보면 적지 않은 스트레스를 받는다. 어머니가 일을 하면 아이는 자연스레 보육 시설에 맡겨질 것이고, 아이는 보육 시설에서의 체험을 통하여 타협하는 방법이나 인내, 배려심 등 많은 것을 배울 수 있다.

유치원에서도 많은 것을 경험할 수 있지만, 외동아이의 경우 먼저 연령 차이가 있는 아이들이 모인 보육 시설을 선택하는 것도 좋은 방법이다.

그 밖에도 보이스카우트나 걸스카우트, 여름방학 캠프 등 연령 차이가 있는 아이들과 어울릴 수 있는 기회를 충분히 만들어주는 게 좋다.

- 0~4세의 이른 시기부터 다른 아이들과 어울리게 한다.
- 일상적으로 어울리게 한다.
- 2~4세 정도 연령 차이가 있는 아이들과 어울리게 한다.

이 부분을 염두에 두고 육아를 하면 외동아이에게 부족하기 쉬운 경험을 충분히 보완해 줄 수 있다.

형제라도 연령 차가
네 살 이상이면
큰 의미가 없다

"형제가 있는 아이는 역시 달라."

"누나 입장에서 늘 어린 동생을 돌보아주고 있으니까 마음이 놓여."

"둘째는 정말 믿음직해."

어머니들끼리 모였을 때 이런 말을 하는 것을 들으면 외동 아이의 어머니는 괜히 주눅이 들 수도 있다.

그러나 형제가 있을 때의 장점을 최대한 누릴 수 있는 것은 네 살 차이 정도다. 이것은 인간의 인지 구조와 관계가 있다. 발달심리학 연구에서 인간의 사고 발달은 '자기보다 약간 높은 수준의 사고를 하는 사람에게 가장 큰 영향을 받는다'는 사실이 밝혀졌다.

자기보다 약간 높은 수준에 있는 사람의 생각을 들으면 자기보다 어딘가 우수하다는 사실을 알 수 있기 때문에 영향을 받기 쉽다. 반대로 자기보다 훨씬 높은 수준의 사고를 하는 사람에게는 큰 영향을 받지 않는다. 그 사람의 생각을 들어도 좋은 점이 무엇인지 이해하기 어렵기 때문이다.

연령 차이가 적으면 발달이나 흥미의 대상도 비슷하기 때문에 자연스럽게 연관성이 증가한다. 간식을 함께 먹거나, 형이나 동생과 단합하여 부모에게 항의를 하는 등의 과정을 통하여 경쟁심이나 배려, 협력을 배울 수 있는 것이다.

그러나 형제라고 해도 네 살 이상의 연령 차이가 나면 발달 단계가 다르기 때문에 적극적인 연관성을 갖기 어렵고 서로에게 미치는 영향력도 적다. 형제가 있어도 외동아이 두 명이 있는 것과 마찬가지다.

이렇게 보면, '실질적으로 외동아이 상태로 자라는 아이'가 상당한 수에 이른다는 사실을 알 수 있다. '외동아이'와 '실질적인 외동아이 상태로 자라는 아이'를 합하면 절반 이상의 아이가 외동아이 범주에 들어올 것이다. 따라서 "우리 아이는 외동아이기 때문에"라고 콤플렉스를 가질 필요가 전혀 없다.

형제간의
경쟁은
큰 상처가 된다

아이가 둘 이상 있는 부모는 무의식중에 형제를 비교하기 쉽다. 우열을 매길 생각이 있어서가 아니라 '단순한 차이'를 말하는 것이지만 아이의 마음에는 '승패' 의식이 남고, 그것이 콤플렉스로 발전할 수 있다.

"엄마, 아빠는 나보다 형을 더 사랑해."

"엄마, 아빠는 나보다 동생을 더 좋아해."

이런 심리적 충격은 상상 이상으로 커서 대부분의 아이는 이것을 평생 마음에 담고 살아간다. 경우에 따라서는 인생 자체에 큰 영향을 끼치기도 한다.

카운슬링 현장에서도 '죽고 싶다'고 호소할 정도로 고통스러운 심리를 끌어안고 사는 사람들 중에서 '형제 사이의 열등감'에 대해 이야기하는 이들을 종종 만날 수 있다.

과거에 가르쳤던 제자를 예로 소개해 보겠다.

대학생 교이치는 형제 중의 동생이다. 형은 그보다 세 살 연상이다. 교이치는 일류 대학에 합격했고 미남에다 키도 크다. 성격도 좋고, 주위를 배려하는 마음도 갖췄다. 그를 동경의 눈길로 바라보는 여학생들도 적지 않다.

하지만 정작 본인은 자신감이 없다고 말한다. 세미나에서 의견을 요구해도 "저의 의견은 별것 아닙니다"라는 식으로 왠지 자신을 낮추기만 한다. 이상하다는 생각이 들어서 이유를 물어보자 어린 시절부터 늘 부모에게 "형은 뭐든지 잘하는데 너는 왜 못하는 거니?"라는 식으로 비교를 당하며 자랐다고 말한다.

"형은 공부도 잘하고 운동도 잘해요. 늘 반장을 도맡아 했지요. 저는 그런 형과 툭하면 비교당하며 바보 취급을 받았어요. 초등학교 4학년 때는 축구팀에 들어가고 싶다고 말했는데, 형을 학원에 데려다 주어야 하기 때문에 저까지 데리고 다니는 건 무리라면서 단칼에 거절하셨어요."

중학교 2학년 때까지 그의 성적은 뒤에서 세는 것이 더 빠를 정도였다. 그런 그에게 전환기가 찾아왔다.

"중학교 2학년 때 담임선생님이 '전부터 생각했는데, 너는 지금보다 훨씬 더 잘할 수 있어. 이야기를 해보면 알 수 있단다. 다음 시험에서는 최선을 다해 봐'라고 말씀해주셨어요. 처음에는 흘려들었는데 몇 번이나 같은 말씀을 하셔서 '선생님이 이렇게까지 말씀하시니 한번 해볼까' 하는 생각이 들어서 마음먹고 공부에 집중해 보았지요."

원래 머리가 좋았던 교이치는 눈에 띄게 성적이 향상되었고, 마침내 일류 대학에 합격할 수 있었다.

교이치는 결코 '할 수 없는 아이'가 아니었던 것이다! 본래는 잘생긴 외모에 배려심이 있고 머리도 좋은 남학생이다. 그런데 부모로부터 우수한 형과 비교당하면서 자랐기 때문에 "나는 어차피 안 돼"라고 생각하여 모든 것에 대해 자포자기하는 사람이 될 뻔한 것이다.

좋은 선생님을 만난 덕분에 인생의 큰 전환기를 맞았지만 만약 그 선생님과의 만남이 없었다면 어떻게 되었을까. 아마 교이치는 부모로부터 받은 '부정적인 주문(呪文)'에 걸린 채 자포자기하는 태도로 살다가 대학에도 진학할 수 없었을 것이다.

　형제 사이에서 발생하는 이런 열등감을 심리학 용어로 '형제간의 경쟁(sibling rivalry)'이라고 한다. 나는 형제간의 경쟁은 인생에서 가장 큰 상처 중의 하나라고 생각한다. 다른 형제와 비교당하여 부모로부터 부족한 아이, 바보 취급을 당해 온 아이가 받는 마음의 상처는 아주 큰 것이다.
　"형보다 사랑을 받지 못했다"는 마음 때문에 평생 자기부정적인 인생을 보내는 사람도 있다. "나는 어차피 뭘 해도 안 돼"라는 마음을 계속 끌어안은 채 살아가게 되는 것이다.

경쟁심을 키우기 위해 다른 아이와 비교하면 안 된다

형제와 비교당하는 경험 때문에 열등감이나 자기 부정의식을 끌어안게 될 가능성이 전혀 없다는 것이 외동아이의 가장 큰 장점이다. 그러나 외동아이를 둔 부모가 때로 이 장점을 무의미하게 만드는 행동을 하는 경우가 있다. 바로 비슷한 연령대의 다른 집 아이와 비교하는 경우다!

혹시 아이에게 경쟁력을 갖추게 한다는 이유로 다른 집 아이와 비교하고 있지는 않은가?

"사이토 씨 딸 미치코는 이번 시험에서 100점을 받았대요.

누구하고는 정말 달라."

"아키히로는 대기 선수에서 주전 선수가 되었다면서? 너도 노력 좀 하면 어떻겠니?"

부모의 입장에서는 아이를 분발시키기 위해 이런 말을 하는 것이지만 솔직히 백해무익한 말이다. 분발은커녕 "나는 어차피 안 돼" 하는 마음을 가지게 함으로써 의욕을 빼앗아버리는 결과를 낳기 쉽다.

가만히 생각해보면, 이런 비교는 당신의 남편이 다른 집 부인을 칭찬하며 비교하는 것과 같다. 남편이 당신에게 "기쿠치 씨 부인은 미인인 데다 요리도 잘해. 얼굴이야 어쩔 수 없지만 요리 정도는 신경 좀 쓰지그래?" 하고 말한다면 어떤 기분이 들겠는가. "그래, 요리에 신경 좀 써야겠어"라는 생각은 하지 않을 것이다. "그래, 어차피 나는……" 하고 마음이 뒤틀려버릴 것이다.

자신의 아이를 다른 집 아이와 비교하는 태도는 아이에게 심각하게 상처를 주는 행위이며 의욕을 빼앗는 행위다. 부모라는 이유로 아이에게 상처를 줄 수 있는 말을 태연히 하고 있지는 않은가?

라이벌과 경쟁을 해야 성장할 수 있는 것 아니냐고 반문하는 사람도 있을 것이다. 하지만 라이벌과 경쟁을 하는 것은 초등학교 고학년 이상이 되어 '자기'라는 존재가 어느 정도 확립된 이후에야 비로소 의미를 가진다. 본인 스스로 자연스럽게 상대를 라이벌로 생각하기 시작했을 때에만 의욕이 높아질 수 있다.

단언컨대, 다른 아이와 비교하는 부모의 말을 듣고 아이가 분발하여 의욕을 보인 사례는 하나도 없다.

외동아이는 정말로 '형제가 없는' 외로움을 느낄까?

"둘째는 아직 없어요? 혼자는 외롭잖아요. 동생이 있으면 좋을 텐데……."

주위에서 이런 말을 들으며 외동아이라서 외로워하지는 않을까 걱정하는 부모도 있다. 그럴 때는 마음속으로 이렇게 말해주자.

'쓸데없는 참견은 하지 마세요.'

외동아이는 정말로 그렇게 외로운 존재일까?

치히로 씨는 네 살짜리 아들 다카시와 돌이 지나지 않은 유코, 두 아이를 둔 어머니다.

"다카시는 예전부터 동생을 원했고 제가 임신을 했을 때에는 자기도 동생이 생겼다면서 매우 기뻐했어요. 하지만 막상 아기가 태어나니까 태도가 달라졌어요. 얼마 전에도 풀장에 가고 싶다고 해서 '그럼 유코도 준비해야 하니까 조금만 기다려'라고 했더니 '엄마하고 단둘이 가고 싶단 말이야!' 하고 고함을 지르지 뭐예요."

"엄마를 독점하고 싶은 거로군요."

"그래요! 동생이 있으면 좋겠다고 그렇게 조르더니 막상 동생이 태어나니까 심술만 부리는 거 있죠."

"그렇게 신경 쓰실 필요는 없습니다. 다카시는 엄마의 사랑을 독점하고 싶은데 동생에게 빼앗기는 것 같아서 불안한 것뿐입니다. 하루에 30분 정도라도 좋으니까 여동생 유코를 남편분이나 할머니에게 맡기고 가능하면 다카시하고 단둘이 보내는 시간을 갖도록 하십시오."

이런 사례를 통해서도 알 수 있듯이 아이가 정말 외로운 것은 형제가 없는 것이 아니라 '엄마가 자신을 봐주지 않아서'인 경우가 많다.

과거에는 아이가 많아서 집안이 시끌시끌해야 '가족'이라는 이미지가 있었다. 그렇게 생각하면 집에 덩그러니 혼자 있는 외동아이는 아무리 보아도 쓸쓸하고 외로워 보이는 존재다. 하지만 그것은 '외부에서 보았을 때'의 모습일 뿐이다.

내면세계를 들여다보면 어떨까. 외동아이의 입장에서 보면 '혼자 있는 상태'는 당연한 것이다. 혼자이기 때문에 외롭다는 것은 어른의 생각일 뿐이다. 아이가 만약 지금 외로워 보인다면 그것은 부모에게 좀 더 신경을 써달라는 신호를 보내는 것인지도 모른다.

아이의 심리적 안정을 위해 '엄마, 아빠를 독점하고 충분히 애정을 느낄 수 있는 시간'을 매일 만들어주자.

외동아이는
얌전한 것이
당연하다?

　　　　　　　외동아이의 부모는 "우리 아이는 너무 얌전해",
"좀 더 활발하면 좋겠는데"라고 생각하는 경우가 종종 있다.

　네 살짜리 외동딸 유미코의 어머니는 늘 "우리 아이는 얌전
해서 저를 잘 도와줘요"라고 말해왔다. 한번은 딸 하나와 아
들 둘을 둔 친구와 함께 캠핑을 갈 계획을 세웠는데, 유미코
가 잘 어울릴 수 있을지 은근히 걱정을 했다고 한다. 하지만
그것은 쓸데없는 걱정이었다.
　처음에는 삼 남매가 신나게 뛰노는 모습을 지켜보기만 하

던 유미코가 금세 어울려 다니면서 신나게 뛰노는 것이 아닌가. 함께 강물 속으로 들어가 물장구를 치는가 하면, 겁도 없이 꽤 깊은 곳까지 헤엄쳐 들어갔다. 유미코의 어머니는 어이없는 표정으로 그 모습을 지켜보았다고 한다.

초등학교 1학년이 된 소타의 이야기도 흥미롭다. 소타는 유치원에서 늘 '조용한 아이'로 지냈고 부모도 그렇게 알고 있었다. 그런데 초등학교에 입학하고 두 달쯤 지났을 때 선생님이 어머니를 불렀다.

"소타가 수업 시간에 주위 아이들과 심하게 장난을 쳐서 수업을 제대로 진행할 수가 없습니다."

어머니가 깜짝 놀란 것은 두말할 필요도 없다.

외동아이가 얌전해 보이는 이유는 단순하다. 함께 뛰놀 상대가 없기 때문이다. 부모와 보내는 시간이 많은 외동아이는 부모의 표정에 민감해지기 쉽다. 그래서 부모가 기뻐하는 행동을 하려는 경향이 형제가 있는 아이보다 강하다. 외동아이의 부모는 "우리 아이는 얌전해"라고 생각하지만 사실은

'얌전하면 좋겠다'고 생각하는 부모의 마음에 아이가 맞춰주고 있을 뿐이다.

그러나 평소에 얌전한 아이도 또래의 아이들끼리 모이거나 뜻이 맞는 친구가 있으면 완전히 다른 사람으로 변한 것처럼 소리를 지르고 여기저기 신나게 뛰어다닌다. 완전히 지칠 때까지 마음껏 뛰놀고 "아, 잘 놀았다!" 하고 상쾌한 표정을 짓는다. '잘 놀았다'는 이 충족감이 '또 놀고 싶다'는 의욕이나 에너지와 연결된다.

"우리 아이는 얌전해서 혼자 있는 것을 좋아해"라고 결론 내리지 말고 또래 아이들과 자주 어울리게 하거나 형제가 있는 친구와 함께 어울리게 하는 등 아이들끼리 마음껏 뛰놀 수 있는 환경을 만들어주자.

인간관계는
어떻게
훈련할까?

"우리 아이는 친구들하고 잘 어울리지 못해요. 어떻게 해야 좋을까요?"

요코는 세 살 된 외동아들이다. 요코의 어머니는 어린 아들을 보며 걱정이 되는 듯 한숨을 내쉰다.

"그래요? 그건 걱정인데요. 요코는 평소에 어떤 놀이를 좋아합니까?"

"혼자 그림을 그리는 걸 좋아해요."

"그거 멋지군요. 친구하고 놀기도 하나요?"

"사이좋은 친구하고는 잘 노는데……. 아침에 유치원에 갔을 때나 공원에 놀러갔을 때, 이미 아이들끼리 모여서 어울려 놀고 있는 경우가 많잖아요. 그때 우리 아이는 주변만 어슬렁거리고 함께 어울리지 않아요. 다른 아이는 자기도 끼워달라면서 함께 어울리는데……. 마음이 아파서 못 견디겠어요."

"그 아이들과 어울리고 싶기는 한데 아마 방법을 모르는 것 같습니다. 우선 '함께 놀자고 말해볼까', '뭐 하는지 물어볼까?' 하는 식으로 어머니께서 얘기를 꺼내 모범을 보이는 게 좋을 것 같습니다."

"아이들 놀이에 어른이 끼어들어도 되는 건가요?"

"물론 어른이 참견을 하는 것은 바람직하지 않지요. 그런데 잘 모르는 아이들과 어울려서 놀아본 경험이 없는 아이는 아이들 무리에 쉽게 들어가기 어려운 경우가 많습니다. 함께 놀고 싶어도 주변에서 지켜보기만 할 때가 있지요. 어떻게 말을 꺼내야 좋을지 몰라서 그런 거예요. 그럴 때는 어머니께서 구체적인 행동 모델을 제시해 주는 것도 나쁘지 않습니다."

"그렇군요……. 이번에 한번 시도해 봐야겠어요."

일반적으로 외동아이는 형제간의 관계를 경험하지 못했기 때문에 다른 사람과 관계를 만들어가는 '인간관계'에 서투르다고 한다.

　하지만 요즘 아이들은 형제 유무와 관계없이 전반적으로 인간관계 자체가 원활하지 못하다. 사물을 자신의 관점으로만 생각하는 아이가 증가하고 있기 때문이다. 그런 까닭에 아동심리학을 공부한 선생님은 함께 어울려 놀고 있는 아이들에게 가서 "나도 끼워주렴" 하고 말하며 솔선해서 놀이에 가담한다. 또는 "함께 놀자" 하고 제안하며 아이들의 놀이 의욕을 높이는 등 인간관계 훈련을 체계적으로 하는 사례도 증가하고 있다.

부모가 외동아이에게 지원해 주어야 할 것들

외동아이의 인간관계는 부모가 약간만 지원해 주어도 충분히 보완될 수 있다. 특히 다음과 같은 점들을 염두에 두자.

아이들끼리 어울릴 수 있는 기회를 의도적으로 늘려준다

외동아이는 아이들끼리의 사회적 관계에 불리할 수도 있으니 유아기 때부터 아이들끼리 어울릴 수 있는 기회를 자주 만들어준다. 인간관계 형성 능력은 기본적으로 타인과 어울리는 경험을 통해서 갖출 수 있다. 나도 외동딸을 두고 있고 이른 시기부터 보육 시설에 보내고 있다. 이는 인간관계 형성 능력을 갖추게 하는 데에 매우 효과적이다.

부모가 먼저 모범을 보인다

초등학생이 되어서도 친구들이 이미 모여서 놀고 있는 무리에 적극적으로 끼어들지 못하는 아이는 많다. 이것은 단순히 '어떻게 행동해야 좋은지 모르고 있을 뿐'이니 구체적으로 부모가 모범을 보이도록 하자. "자, 엄마가 먼저 말해볼게" 하고 아이에게 이야기하고 친구들 무리로 다가가 "뭐 하고 있니? 나도 같이 놀아도 되지?" 하고 직접 말하여 모범을 보여주는 것이다.

앞질러가지 않는다

아이를 걱정하는 마음에서 부모가 앞질러서 "너 ○○○ 하면 아이들이 싫어한다"는 식으로 미리 지적을 하면 아이는 친구들에게 직접 지적을 받으며 '깨달을 수 있는' 기회를 잃어버린다. 부모가 그런 지적을 해봐야 "또 잔소리야"라고 생각할 뿐이지만 친구들에게서 그런 지적을 받으면 자신이 무엇을 바꾸어야 하는지 깨닫기 때문에 큰 공부가 된다.

어린 시절에 인간관계에서의 실패와 좌절을 경험하는 것은 매우 중요한 문제다. 친구들끼리의 관계에서 상처를 받으며 배우는 경험이 강인한 마음을 양성해 주는 것이다. 아이가 위험한 상황에 처하지 않는지 지켜보아야 할 필요는 있지만, 미리 앞질러서 지적하며 아이가 스스로 깨달을 수 있는 기회를 빼앗는 행동은 피하도록 하자.

상대의 입장에서 생각하는 태도를 가르친다

형제가 있으면 동생 몰래 혼자 간식을 먹거나 그와 반대로 동생이 형 몰래 간식을 먹는 등 불합리한 일이 발생하는 경우가 있다. 자기가 싫어하는 행동을 경험해 봐야 비로소 "이렇게 행동하면 기분이 나쁘구나" 하고 행동의 옳고 그름을 배울 수 있다. 외동아이에게는 그런 기회가 적기 때문에 자기도 모르는 사이에 상대에게 상처를 주는 언행을 보이기도 한다.

"네가 그런 행동을 하면 ○○의 기분이 어떨까?"라는 식의 질문 과정을 통하여 상대의 입장에서 생각할 수 있도록 이끌어준다.

외동아이는 형제 관계에서 발생하는 즐거움, 억울함, 허무함 등의 감정을 직접 체험할 기회가 적다. 독서를 통하여 책에 등장하는 인물들에게 감정을 이입해 보는 것은 간접경험이기는 하지만 매우 중요한 의미를 가진다.

아이가
외톨이로 남을까 봐
걱정하지 마라

외동아이를 둔 부모들을 상대로 설문 조사를 한 적이 있다.

"외동아이를 키우면서 가장 불안한 점은 무엇입니까?"라는 질문에 대해 다음과 같은 응답이 가장 많았다.

"부모가 죽으면 혼자 남게 된다는 것이다."

"장래에 부모에게 무슨 일이 발생했을 때 서로 도울 수 있는 형제가 없다는 것이다."

외동아이를 둔 부모들 대부분이 이런 식으로 아이의 미래를 걱정하고 있을 것이다.

그런 걱정을 할 필요가 있을까? 나는 불필요한 걱정이라고 생각한다. 형제가 있건 없건 고독한 사람은 고독하고 그렇지 않은 사람은 전혀 고독하지 않다.

물론 성인이 된 이후에도 형제끼리 밀접한 관계를 유지하고 있는 사람들도 있다. 그런 반면에 '관혼상제 행사' 때나 겨우 만나는 형제도 있다. 형제가 있어서 믿음직한 경우도 있지만 형제가 있기 때문에 부모의 간병이나 재산 분할 등에 있어서 의견 충돌이 벌어지는 경우도 있다.

행정사로 일을 하고 있는 50대의 한 남성이 다음과 같은 말을 들려주었다.

"저는 외동아들이기 때문에 부모님이 돌아가신 이후의 재산 정리를 간단히 끝낼 수 있었습니다. 직업상 유산 상속이나 간호 문제 때문에 갈등을 겪는 형제들을 자주 보았거든요. 외동아이라고 해서 나쁜 점만 있는 것은 결코 아닙니다."

부모의 마지막을 간병한 또 다른 여성의 이야기도 있다.

"간병을 하고 있을 때에는 확실히 누군가와 상담을 하고 싶은 경우도 있었어요. 저는 외동이기 때문에 사촌이나 친구들, 행정 서비스 담당자를 만나 상담을 했지요. 하지만 형제가 있으면 병원을 선택하는 문제도 다르고 부담할 수 있는 금액이나 간병할 수 있는 시간도 다르기 때문에 이런저런 갈등이 많을 것 같아요."

노후에 형제끼리 서로 협력하는 경우도 있지만 충돌하고 으르렁거리는 경우도 적지 않다.

형제가 있으면 안심이라고 생각하는 것은 착각이다. 중요한 것은 형제의 유무가 아니라 아이가 어른이 되었을 때 '중요한 순간에 의지할 수 있는 상대'를 가질 수 있는가 하는 것이다.

막연한 불안감을 끌어안고 있는 것보다는 사촌이나 친구 등 믿을 수 있는 존재를 만들 수 있도록 도와주거나, 힘들 때 누군가에게 상담받을 수 있는 사람으로 키우는 것이 중요하다.

아직 먼 미래의 이야기지만 조금이라도 아이의 부담을 덜어주고 싶다면 유서 등에 재산의 개요와 희망하는 장례 절차 등을 기록해 두는 것도 좋은 방법이다.

3장

마음의 회복력을
기르는 법

응석은
충분히
받아준다

외동아이는 모두 첫째다. 부모의 입장에서 첫아이
다. 첫 육아는 어떻게 해야 좋을지 모르는 경우가 많아 긴장
과 불안이 따른다. 부모의 이런 긴장이 아이에게 전달되기 때
문에 외동아이의 긴장감과 불안감이 더 커질 수 있다. 특히
남자아이에게 그런 경향이 강하다.

따라서 첫 육아라고 해도 끊임없이 스스로를 격려하면서
안정감 있게 아이를 키워야 한다. 그것이 부모 자신의 심리적
안정과 연결되기 때문이다.

또한 외동아이는 형제가 있는 아이와 달리 쓸데없는 간섭

을 받거나 경쟁을 하는 등의 이른바 '기분 나쁜 경험'이 없기 때문에 혹시라도 나약하게 자라는 것은 아닌지 걱정하는 사람도 있다. 하지만 이 점은 부모가 어떻게 대처하는가에 따라 얼마든지 보완할 수 있다.

예를 들어, 아이가 "오늘 이러이러한 기분 나쁜 일이 있었어" 하고 우울해한다면 어떤 말을 건네는 것이 좋을까?

- "그런 일로 풀이 죽으면 안 돼. 더 강해져야겠구나."
- "그 정도는 참을 줄 알아야지."
- "너도 잘못한 부분이 있었던 것 아니니?"
- "그럼 갚아줘야지. 당하면 갚아주는 거야."

이런 식으로 격려하거나 설교하는 것은 잘못된 대처 방법이다. 자기 한계를 넘어 힘들어하는 아이는 이런 말을 들으면 정신적으로 더욱 궁지에 몰린다.

"이제 엄마한테는 말하지 않을 거야."

이렇게 생각하고 마음을 닫아버리는 아이도 있다.

힘들고 괴로울 때 아이는 격려를 듣고 싶어 하는 것도 아니고 해결 방법을 알려달라는 것도 아니다. 단지 부모에게 괴로운 마음을 털어놓고 응석을 부리고 싶을 뿐이다.

따라서 이야기를 충분히 들어주고 응석을 받아주면 된다. 응석을 받아주면 나약한 아이로 자라는 것이 아닌지 걱정하는 사람도 있겠지만 전혀 그렇지 않다. 충분히 응석을 부린 아이는 마음이 강한 아이로 자란다. 반대로 마음껏 응석을 부리지 못한 아이는 강단이 없는, 나약한 아이로 자란다.

아이가 싸움에서 지거나 괴롭힘을 당하는 일로 가끔 눈물을 흘리는 경우도 있다. 어른의 입장에서 보면 별것 아닌 일일 수도 있지만 정말 사소한 문제 하나에 신경을 쓰고 그 때문에 상처를 받는 아이도 있다. 설사 "이런! 우리 아이가 이렇게 약한 아이였나?" 하는 생각이 들더라도 일단 아이의 주장을 부정하지 말고 받아주는 게 좋다. 신경 쓰지 않아도 될 문제에 신경을 쓰는 것도 아이의 특징이다. 다음과 같이 맞장구를 쳐주고 힘주어 안아주자.

☀ "그래? 정말 힘들었겠구나."
☀ "얼마나 화가 났을까."

여기에서 중요한 점은 어머니가 함께 우울한 표정을 지어서는 안 된다는 것이다. 괴로운 마음을 받아주고 들어주는 역할로 충분하다. 울고 있으면 마음껏 울게 내버려두어라. 응석을 받아주는 것만으로 아이의 마음에는 에너지가 쌓인다. 마음의 에너지가 쌓이면 '다시 노력해 보자'는 강한 마음이 갖추어진다. 이런 과정을 통해서 마음을 회복하는 능력을 '회복력' 또는 '레질리언스(resilience)'라고 한다.

아이의
회복력을 높이는
세 가지 포인트

사고, 재해, 이별 등 괴로운 일을 겪었을 때 비교적 빨리 재기할 수 있는 사람과 그렇지 못한 사람이 있다. 그런 다양한 고통에서 비교적 빨리 재기할 수 있는 사람이 갖추고 있는 '마음을 회복하는 능력'을 '회복력' 또는 '레질리언스(resilience)'라고 한다.

외부로부터 강한 힘이 가해졌을 때, 단단하여 경도가 높더라도 탄력이 없으면 두 동강이 나버린다. 거기에 비하여 유연함이 갖추어져 있으면 원래의 상태로 돌아오기 쉽다. 회복력이 높은 사람은 유연한 탄력성이 있는 사람을 의미한다. '마음의 여유'가 있는 것이다.

마음의 여유를 갖추기 위해서는 어린 시절부터 다양한 체험을 하는 과정에서 "여러 가지 어려운 일이 있었지만 나는 괜찮았어", "무슨 일이 있어도 엄마, 아빠는 나를 버리지 않아", "엄마, 아빠는 무슨 일이 있어도 내 편이야"라는 긍정적인 마음을 갖도록 해야 한다.

● 회복력을 높이기 위한 세 가지 방법

무조건 받아주고 긍정해 준다

어머니(혹은 그 역할을 대신하는 사람)는 틈날 때마다 "너는 가장 소중한 보물이란다. 네가 옆에 있는 것만으로도 엄마는 정말 행복해"라고 속삭여주어야 한다. 아이의 모든 것을 수용하고 존재 자체를 무조건 긍정해 주는 것이다.

이렇게 하면 아이의 마음속에 "이 세상에 태어나기를 잘했어", "이 세상은 살 만한 가치가 있어"라는 인생에 대한 기본적인 신뢰감이 갖추어진다.

삶의 구체적 모델을 만들어준다

"저런 사람이 되고 싶어", "이런 식으로 살고 싶어"라고 생각할 수 있는 사람(모델)이 가까이에 있으면 아이는 스스로의 장래에 대한 희망이나 전망을 가질 수 있다.

장래의 자신에 대해 구체적인 이미지를 가지고 있으면 힘들고 괴로운 상황에 직면하더라도 재기하기가 비교적 쉽다. 따라서 어른들의 다양한 모습을 체험할 수 있도록 부모의 친구, 친척들을 집으로 초대한다.

부모가 먼저 손을 내밀어 '응석둥이'로 만들지 말고, 아이가 '응석'을 부릴 때 받아준다

아이가 요구하기도 전에 부모가 먼저 손을 내밀어 무엇이건 사주는 등 아이를 '응석둥이'로 만드는 행동은, 아이가 응석을 부리고 싶을 때 충분히 '응석을 받아주는 것'과는 전혀 다른 결과를 가져온다. '응석둥이'는 에너지가 작은 아이로 자라지만 '응석을 부리고 싶을 때 마음껏 응석을 부릴 수 있는 아이'는 마음의 에너지가 축적된다. 그리고 "나는 인정을 받는 사람이야"라는 감각이 자연스럽게 양성된다. 그럴 경우 어느 정도 힘들고 괴로운 일이 있더라도 "다시 한 번 노력하자" 하는 적극적인 마음을 갖출 수 있다.

무슨 문제가 발생했을 때 "그건 ○○가 잘못한 거네!"라며 심판 같은 행동을 하는 부모가 적지 않다. 하지만 부모의 역할은 누가 옳고 그른 것인가를 제시하는 것이 아니다. 옳고 그름은 아이가 스스로 생각하고 깨달아야 하는 것이지 부모가 가르쳐주는 것은 아니다. 응석을 받아주는 것만으로 충분한지 의문을 가진 사람도 있지만 안심해도 된다. 그것으로 충분하니까.

응석을 받아주는 것은 솔직히 생각보다 쉽지 않은 일이다. 부모 입장에서는 아이가 힘들고 괴로워하면 격려해 주겠다는 취지에서 즉시 "신경 쓰지 않으면 되잖아", "좀 더 강해져야겠다" 하고 응석을 부릴 기회조차 주지 않고 앞서서 결정을 내리기 쉽기 때문이다.

힘들고 괴로운 마음을 부모에게 마음껏 털어놓고 응석을 부려보지 못한 아이는 "나는 뭘 해도 안 돼", "엄마, 아빠는 나를 인정하지 않아"라고 부정적으로 생각하며 무력감을 끌어안게 된다. 학교 성적도 "어차피 안 되니까" 하고 지레 포기하기 때문에 떨어질 수밖에 없다.

학교 성적 등 겉으로 확연히 드러나는 나쁜 결과를 보고 아이는 또다시 "역시 나는 안 돼"라고 자포자기해 버린다. 이것을 '학습성 무력감'이라고 부른다. "어차피 나는……"이라는 마음에서 벗어나지 못하는 것이다.

충분히 응석을 부리지 못한 아이는 커서 결정적인 순간에 포기하는 사람이 되기 쉽다. 예를 들어 대학에서 수업 시간에 한 번도 빠지지 않고 늘 맨 앞자리에 앉아 열심히 강의를 듣다가, 중요한 시험 당일에는 학교에 나오지 않는다. 또는 취업을 하기 위해 100여 개 회사에 도전해서 간신히 한 회사의 서류 전형 심사를 통과했는데, 면접 전형이 있는 날 면접을 보러 가지 않는다.

이처럼 인생에서 가장 중요한 시기에 포기해 버리는 사람, 중요한 순간에 좀 더 노력을 기울이지 않고 뒤로 물러나는 사람이 되는 것이다.

아이가 힘들고 괴로운 일 때문에 나약해져 있을 때 다음과 같은 식으로 대응해서는 절대 안 된다.

♣ "좀 더 노력해야겠다."

♣ "좀 더 강해져야겠다."

♣ "그걸 왜 못해?"

♣ "그 정도는 참을 줄 알아야지."

회복력이 높은 아이의 특징

회복력이 높은 아이의 특징은 다음과 같다.

호기심이 왕성하다

호기심이 왕성해서 여러 가지 새로운 일에 흥미를 느낄 수 있는 아이는 심각한 상황에 처하더라도 한 걸음 더 전진할 수 있는 힘을 내재하고 있다.

감정을 조절할 줄 안다

자신의 감정을 조절할 수 있는 아이는 우울하거나 혼란스럽거나 초조할 때에도 그 상태에 잠식당하지 않고 냉정함을 유지한다. 감정을 조절할 줄 알기 때문에 그런 바람직하지 않은 상황에서 비교적 빨리 회복할 수 있는 것이다.

미래에 대한 전망을 가지고 있다

미래의 꿈이나 목표가 있거나, 구체적인 계획을 세우는 등 적극적인 전망을 가지고 있는 아이는 힘들고 괴로운 상황에 놓이더라도 빠른 시간에 회복할 수 있다.

이런 특징이 있는 아이는 힘들고 괴로운 일이 있어도 그런 상황을 극복할 수 있는 '탄력성이 있는 유연한 마음', 즉 '회복력'이 높다고 할 수 있다.

늘 당하기만 하는
아이가 스스로를
지키려면

초등학교 3학년 남학생인 도모히로의 어머니는 아이가 늘 친구들에게 당하기만 한다면서 고민을 털어놓았다.

"자주 함께 어울리는 친한 아이가 있는데, 그 아이의 명령을 듣고 가방을 들어줄 때가 많아요. 캐릭터 카드 등의 장난감도 강제로 바꾸자고 해서 맨날 빼앗기는 식이에요. 지난번에는 기운이 없어 보여서 왜 그러냐고 물어보았더니 ○○가자꾸 괴롭힌다면서 울음을 터뜨리는 거예요. 지금도 계속 괴롭히고 있는 것 같은데, 어떻게 하면 좋을까요? 아이에게 당한 만큼 갚아주라고 해야 할까요?"

유순한 아이는 이런 식으로 상대방에게 일방적으로 당하는 경우도 있다. 하지만 '당한 만큼 갚아준다', '눈에는 눈, 이에는 이'라는 식으로 가르치는 것은 '자신의 몸을 지키기 위해서라면 상대에게 상처를 주어도 된다'고 가르치는 것과 같다. 또 그런 보복 때문에 다시 아이 자신이 위험한 상황에 놓일 가능성도 있다.

자신의 몸을 위험으로부터 지키기 위해 필요한 것은 '자기주장(assertion)'이다. 이는 상대를 꾸짖지 않고 자신의 마음을 전달하는 능력이다. 아이와 함께 연습해 보자.

교환하고 싶지 않은 캐릭터 카드를 바꾸자는 말을 들었을 때

☁ "싫다고 말했잖아!" 하고 울음을 터뜨린다.

☁ "네가 그렇게 하고 싶으면 그렇게 해"라고 자신의 마음을 억누르고 상대가 시키는 대로 한다.

☀ "이건 내가 소중하게 여기는 카드라서 네 카드와 교환할 수 없어. 하지만 다른 카드라면 바꿀 수도 있어"라고 말한다.

"혹시 당신은 바쁠 때에 남편이 어떤 일을 부탁하면 '자기가 하면 되지, 이렇게 바쁜 걸 보면서 왜 나한테 시켜' 하고 생각하면서도 남편의 부탁을 들어주지는 않습니까?"

"늘 그런 식이지요."

"실례지만 그건 상대가 시키는 대로 참고 따르는 아이와 다르지 않습니다. 자신의 마음을 전하지 않고 그냥 참아 넘기는 것이지요."

"그럴 때는 '오늘은 바빠서 힘들겠어요. 내일 해도 되나요? 오늘 안에 처리해야 하는 일이라면 미안하지만 당신이 하면 고맙겠어요'라고 말해야겠네요."

"그렇지요. 맞습니다. 도모히로 군에게 반드시 그렇게 대처하는 모습을 보여주십시오."

상대에게 무리한 요구를 강요받았을 때에는 ❶ 강하게 나가 상대방을 공격하거나, ❷ 진심을 감추고 조용히 참는 수밖에 없다고 생각하기 쉽다. 하지만 또 한 가지 방법이 있다. 바로 자기주장이다. 자기주장은 상대방을 배려하면서도 자신의 마음을 부드럽게 전달하는 방법이다. 상대방도 '꾸지람을 들

었다'고 생각하지 않기 때문에 보복이나 공격을 당할 우려가
없다.

평소에 부모가 스스로 자기주장하는 모습을 보여주며 아이
에게 모범이 되도록 하자.

아이에게
친구를
만들어준다

아이에게 형제가 없는 만큼 부모의 입장에서는 "많은 친구를 사귀어야 할 텐데……" 하는 바람을 가지게 된다. 만약 평생을 서로 의지하고 지낼 친구를 만나게 하고 싶다면 다음의 두 가지를 실천해 보자.

부모가 자신의 친구들을 집으로 부른다

'친구가 있어야 한다'고 백번 말하는 것보다 부모 스스로 자신의 친구들과 즐거운 시간을 보내는 모습을 한 번이라도 보여주는 쪽이 훨씬 효과적이다. 부모의 친구들을 집으로 불러

친분을 보여주면 아이도 자연스럽게 친구는 좋은 존재라고
생각하게 된다.

　사실 부모 이외의 어른을 접하는 것은 외동아이에게 매우
중요한 경험이다. 부모와 다른 가치관을 경험할 수 있는 귀중
한 시간이기 때문이다. 여러 가지 일에 종사하고 있는 어른과
직접 만나 이야기를 나누다 보면 아이는 자연스럽게 영향을
받는다. 부모의 친구들과 만나는 과정을 통하여 "나중에 크면
○○ 아저씨처럼 ○○과 관련된 일을 하고 싶어"라는 식으로
자신의 미래상을 발견하는 경우도 있다.

집을 놀이터로 만든다

　집을 놀이터처럼 개방한다. 아이가 언제 누구를 데려와도
상관이 없다는 식으로 문을 활짝 열어놓는 것이다. 이때 부모
가 친구를 선택해서는 안 된다.

　☁ "얘는 괜찮아."
　☁ "걔는 안 돼!"

다양한 성격을 가진 친구들과 뒤섞여 놀다 보면 아이가 자기에게 맞는 친구를 만들 수 있다.

요즘에는 아이의 친구들을 집으로 불러들이지 않는 가정이 증가하고 있다. 맞벌이 때문에 평일에는 집이 비어서 그러는 경우도 있고, 집이 지저분해지는 것이 부담스러워서 그러는 경우도 있다. 이밖에도 이유는 다양하다.

그런 만큼 아이가 언제든지 "우리 집에 놀러와"라고 말하며 친구를 초대하게 하자. 이는 아이를 위해 충분히 가치 있는 일이다. 단, 부모에게 부담이 가지 않는 범위 안에서 집에 놀러오는 아이들에게는 '우리 집의 규칙'을 지키도록 일러준다. 아이들에게는 애매한 표현은 통하지 않기 때문에 구체적으로 규칙을 정해놓아야 한다.

☀ "게임은 한 시간만 하고 나머지 시간은 밖에서 놀아야 한다."
☀ "돌아갈 때에는 반드시 인사하고 가야 한다."

아이들은 조금 친숙해지면 "이 집은 너무 더워요. 에어컨 좀 켜주세요", "텔레비전이 너무 작아요. 우리 집 텔레비전은 엄청나게 큰데"라는 식으로 감정을 자극하는 말도 한다. 그럴 때는 아이에게 똑같이 대응하지 말고 "그래? 얼마나 좋을까?" 하는 식으로 어른스럽고 부드러운 말로 대응할 수 있어야 한다.

꼭 친구가
많을 필요는
없다

집을 놀이터로 만드는 것이 매우 힘든 일이라고 생각하는 사람도 있다.

마키 씨는 자신도 외동딸이고, 현재 초등학교 6학년인 외동 아들을 두고 있다.

"우리 아이는 친구가 너무 없어요. 친구를 만들어주고 싶은데 어떻게 해야 좋을까요?"

마키 씨는 이렇게 고민을 털어놓으며, 어린 시절부터 자신이 얌전한 성격이었고 친구도 적었다고 한다.

"아들이 저와 비슷해지는 것은 아닌지 걱정이에요. 휴일에도 친구들과 어울리지 않고 줄곧 집에만 있어요."

"집에서는 어떻게 지내고 있습니까?"

"컴퓨터 게임을 하거나 강아지를 데리고 산책을 하거나 숙제를 하거나……. 그런 식이지요."

"학교에서는 즐겁게 지내고 있습니까?"

"일단 친하게 지내는 친구가 있기는 한데, 한두 명 정도예요. 방과 후나 휴일에 친구들과 어울려 노는 일은 손에 꼽을 정도예요."

"그렇다면 걱정할 필요는 없습니다. 친구가 많으면 좋겠다는 건 사실 부모님의 생각이지요. 아이 자신은 그렇게 생각하지 않는 경우가 많습니다."

"저는 아이한테 친구가 많은 게 좋을 것 같은데요……."

"물론 어머니의 마음은 충분히 이해합니다. 집에서 아이가 혼자 있으면 왠지 외톨이처럼 보여서 불안하고 걱정이 될 수 있지요. 친구들과 즐겁게 어울리는 모습을 보면 마음이 놓이고요. 하지만 가만히 생각해 보십시오. 육아는 아이가 행복한 인생을 보낼 수 있도록 키우기만 하면 성공하는 것입니다. 아이가 어른이 되었을 때 행복을 느끼면서 사는 게 가장 중요하지요. 친구의 수가 적기는 하지만 분명히 친구가 있고 혼자 있을 때에도 충실하게 시간을 보내고 있지 않습니까?"

"네, 그러고 보니 매일 즐거워 보이기는 해요."

"오히려 어머니가 아이에게 '친구 만나러 안 나가니?', '찾아오는 친구는 없니?' 하는 식으로 질문을 자꾸 던지는 것이 아이의 마음을 몰아세우는 것일 수도 있습니다. '친구가 적은 나는 부족한 아이구나' 하고 생각할 수 있지요."

"아, 저도 초등학교 때 부모님이 그런 말씀을 하시면 제가 뭔가 부족해서 친구가 없는 것처럼 느껴졌어요."

"부모님은 나쁜 뜻으로 하는 말이 아니지만 그런 말들이 아이의 마음에 상처를 주는 경우가 많습니다. 아이 스스로 친구가 필요하다고 고민하는 상황이라면 친구를 만들도록 도움을 줄 수도 있지요. 하지만 혼자서도 즐겁게 잘 지내고 있다면 자신의 페이스로 지낼 수 있도록 지켜보는 것이 좋습니다. 친구가 많건 적건 행복하게 살면 되는 것이지요. 그렇게 생각하고 좀 더 편하게 아이를 키우십시오."

외동아이의
욕구를
키워준다

"우리 아이는 생일 선물로 뭘 가지고 싶은지 물어
보면 매번 '별로'라고 대답할 뿐이에요. 의욕이 전혀 없어요.
유원지에 가서 어떤 놀이 기구를 타고 싶은지 물어봐도 항상
'아무거나'라고 대답해요."

초등학교 4학년 외동아들을 둔 어머니의 고민이다.

"평소에 물건들을 많이 사주는 편인가요?"

"외동아들이니까 남편도, 저도, 그리고 할아버지와 할머니
도 자주 사주시는 편이지요."

"아이가 원하면 거의 다 사주는 편인가요?"

"원한다기보다 아이의 기호를 잘 알고 있기 때문에 말하기 전에 과자나 공룡 그림책, 장난감같이 아이가 좋아하는 것들을 미리 사주지요."

"그렇군요. 그게 문제인 것 같습니다. 아이가 스스로 원하는 것을 사주는 것은 나쁘지 않습니다. 하지만 아이가 원하기도 전에 부모님이 앞질러서 사주게 되면 아이는 자신이 정말로 무엇을 가지고 싶은 것인지 알 수 없게 됩니다."

"그런가요?"

욕구가 없는 아이의 수가 계속 증가하고 있다. 마음에 드는 것이 있어서 가지고 싶다고 말하기도 전에 부모가 앞질러서 미리 사주면 자기가 무엇을 원하는지 알 수 없어 '욕구' 자체가 작아지는 것이다.

이것은 장난감 같은 물건에 한정된 이야기가 아니다. 아이 스스로 "동물원에 가고 싶어!"라고 말하기 전에 데려가는 것, "내 방이 필요해!"라고 말하기 전에 부모가 미리 아이의 방을 마련해주는 것 등 요즘 아이들은 자기가 원하기도 전에 이미 너무 많은 것을 받고 있다.

특히 외동아이의 부모는 아이가 하나라서 경제적으로 여유가 있다. 그래서 더욱 '아이가 원하기 전에 미리 앞질러서 사주는' 경향이 있다.

'욕구'는 '의욕'이고 살아가는 에너지다. 지나치게 많이 주면서 아이에게서 '의욕'을 빼앗아버리면 자기가 정말 하고 싶은 일을 찾아 그것을 이루기 위해 필사적으로 노력하는 마음의 에너지 자체가 양성되지 않는다.

- 앞질러서 너무 많은 것을 주지 말 것.
- 아이 자신이 정말로 원하는 것을 열심히 요구해서 어렵게 손에 넣는 경험을 하게 할 것.

이 두 가지는 외동아이를 키울 때 꼭 알아야 할 매우 중요한 사항이다.

선택하는
능력을
훈련시킨다

"그럼 우리 아이는 이미 늦었나요? 이대로 내버려
두어야 하는 건가요?"

"아닙니다. 걱정할 필요 없습니다. 중요한 것은 아이가 '별
로', '아무거나'라고 말할 때 부모님이 적당히 선택해 주지 말
아야 한다는 것입니다. 아이가 '아무거나'라고 말할 때에는 직
접 '선택할 수 있는' 훈련을 시킬 기회라고 생각하십시오. 세
가지 정도의 선택의 여지를 주고 '이 세 가지 중에서 어떤 게
마음에 드니? 네가 직접 결정해 봐'라고 본인이 직접 원하
는 것을 선택하도록 연습을 시키는 것입니다."

"선택하게 한다고요? 구체적으로 예를 들면 어떤 것을 선택하게 할 수 있을까요?"

"간식으로 과자를 선택하게 할 수도 있고, 일요일에 어디에 가고 싶은지 선택하게 할 수도 있지요. 오늘 저녁식사로 무엇을 먹고 싶은지 선택할 수도 있고⋯⋯. 그렇게 간단한 선택이면 됩니다. 하지만 이것이 부모님이 정해주는 데에 익숙해진 아이의 입장에서는 쉬운 일이 아닙니다."

"오늘부터 당장 시작해야겠어요!"

여기에서 주의해야 할 점은 아무리 시간이 걸리더라도 아이가 직접 선택할 때까지 부모는 기다려야 한다는 것이다.

"이걸로 할까?", "저거, 괜찮지?"라는 식으로 유도해서는 안 된다.

이탈리아인 어머니와 일본인 어머니가 각각 아이를 데리고 제과점에서 빵을 사는 장면을 본 적이 있다. 이탈리아인 어머니는 아이가 빵을 선택할 때까지 10분 이상을 기다렸다. 아무 말도 하지 않고 조용히 기다리고 있을 뿐이었다. 일본인 어머니는 "먹고 싶은 걸 골라서 쟁반에 담으렴" 하고 말해놓고 아이가 망설이기 시작하자 금세 기다리기가 지루해졌는지 "어머, 네가 좋아하는 단팥빵이 있네. 아, 이 빵도 지난번에 먹었을 때 맛있었지? 이걸로 할까?"라는 식으로 유도하기 시작했다. 이래서는 '선택 훈련'이 될 수 없다.

그런 식으로 선택을 유도할 바에는 처음부터 "오늘은 시간이 없으니까 엄마가 좋아하는 빵을 사기로 하자!" 하고 어머니 자신이 선택하기로 정해서 고르는 것이 낫다.

아이에게 선택을 맡기기로 했으면 아무리 많은 시간이 흘러도 아이가 직접 선택할 때까지 기다려야 한다.

스스로 결정한다는 것은 그 선택이나 결단에 책임을 지는 것이다. 선택한 과자가 맛이 없으면 본인 탓이다. "이거 어때? 괜찮지? 이걸로 할까?"라는 식으로 늘 어머니가 결정을 하면 아이는 뭐든지 어머니 탓으로 돌리는 버릇이 생긴다.

자기 결정, 자기 선택 능력을 갖추게 하는 것은 장래에 정말로 자기가 하고 싶은 일을 선택하기 위한 연습이라고 할 수 있다. '선택하는 능력', '결정하는 능력'이 갖추어지지 않은 채 어른이 되면 직장을 구할 때에도 "엄마, 어디가 좋을까?" 하며 어머니에게 결정을 맡기는 상황이 발생할 수 있다.

스스로 자신의 인생을 살아가는 능력을 갖추게 하려면 "나는 이것을 왜 원하는가?", "나는 어떤 것을 좋아하는가?" 하는 것을 생각하고 선택하는 기회를 자주 만들어주어야 한다. 그렇게 하려면 부모가 미리 앞질러서 "이게 좋겠지? 그렇지?"라는 식으로 선택을 유도하는 행동은 피해야 한다.

함께 일하는
경험을 통해
협동심을 기른다

흔히 외동아이는 협동심이 부족하다고 말한다. 가령 모래사장에서 아이들이 모여 성을 쌓고 있어도 좀처럼 그 무리에 들어가지 못한다. 이미 정해놓은 놀이 규칙을 마음대로 바꾸는 경우도 있다.

이것은 '형제끼리 경쟁하거나 힘을 합쳐 한 가지 일을 완성해 본' 경험이 부족하기 때문이다. 그러나 보육 시설이나 유치원, 초등학교 등에서도 비슷한 경험을 할 수 있기 때문에 어른이 되면 형제가 있는 아이와 비교했을 때 협동심이 크게 떨어지지는 않는다. 따라서 너무 걱정할 필요는 없다.

그래도 미리 협동심을 길러주고 싶다면 가정에서 '함께 일하는' 경험을 쌓게 하면 된다. 외동아이의 입장에서 함께 일을 하는 것은 매우 중요한 의미를 지닌다. 오스트리아의 정신분석학자 알프레드 아들러(Alfred Adler)는 "모두가 행복해지기 위해 모두와 협력하고 싶다"는 '공동체 감각'을 인격 형성에 있어서 가장 중요한 요소로 꼽았다. 함께 일하는 것은 이 '공동체 감각'을 갖추고 협동심을 기르는 데에 큰 도움이 된다.

함께 집안일을 하다 보면 "나도 가족이라는 팀의 일원으로 도움이 되고 있다"는 감각을 갖추게 된다. 예를 들어, 청소를 도와 방이 깨끗해지면 자기도 가족이라는 팀의 일원으로서 도움이 되고 있다는 실감을 할 수 있다. 이 실감이 삶의 의욕과 연결된다.

'팀의 일원으로서 도움이 되는 즐거운 체험'이 결여된 아이는 일을 통하여 자신의 가치를 실감하고 싶은 욕구나, 사람들과 함께 어울리고 싶은 마음이 양성되지 않는다. 자칫하면 컴퓨터만 상대하는 은둔형 외톨이가 될 수도 있다.

아이에게 청소를 시키는 것보다 어머니 자신이 하는 쪽이 훨씬 빠르고 깨끗하다는 이유로 아이와 함께 일할 수 있는 기회를 빼앗아버리는 어머니도 적지 않다. 그러나 가사를 돕게 하는 것은 아이의 인격을 형성하는 가장 바람직한 방법이라는 사실을 잊어서는 안 된다. 어머니가 직접 처리하는 쪽이 훨씬 빠르다고 해도 가능하면 아이도 함께하도록 하는 것이 좋다.

아이의 나이에 따라 도울 수 있는 일의 내용은 달라진다. 초등학교에 입학하기 전이라면 아이가 흥미를 느끼는 것, 하고 싶어 하는 것을 시키면 된다. 초등학교에 진학한 이후라면 '이 일을 하지 않을 경우에 가족이 힘들어진다'고 생각할 수 있는 일을 돕게 한다. 예를 들면, 욕실 청소(청소를 하지 않으면 욕실을 이용할 수 없다)나 쌀 씻기(쌀을 씻지 않으면 밥을 지어 먹을 수 없다) 등을 시키면 된다. 이런 일을 함으로써 "나도 가족이라는 팀의 일원으로서 도움이 되고 있다"는 사실을 실감할 수 있기 때문이다.

학교를 3일 이상
쉰다면
주의해야 한다

아이가 학교에 줄곧 가지 않으려고 하면 부모는 큰 충격을 받는다. 물론 "외동아이라서 등교 거부나 은둔형 외톨이가 되기 쉽다"고 말할 수는 없다. 등교 거부나 은둔형 외톨이는 형제가 있는 아이에게서도 적지 않게 나타난다. 특히 형이나 누나가 등교 거부를 하는 경우에는 뒤이어 동생도 등교 거부를 하는 경우를 종종 볼 수 있다.

아이가 학교에 가는 것을 싫어할 때 첫 징조는 두통이나 복통 등으로 나타난다. 아이가 "머리 아파", "배가 아파"라고 말하며 며칠 동안 학교를 쉴 때, 그것은 "학교에 가기 싫어", "학교 다니는 게 힘들어"라는 마음의 표현일 수 있다. 오해해서는 안 되는 점은 아이가 꾀병을 부리는 것이 아니라, 진짜 머리나 배가 아프다는 것이다.

몸과 마음은 하나다. 단, 두통, 복통, 발열 등이 실제로 나타나는 경우라고 해도 학교를 3일 이상 쉬는 경우에는 담임선생님에게 가정방문을 신청하여 학교에서 마음이 떠나지 않도록 막아야 한다.

만약 아이가 담임선생님을 만나기 싫다고 한다면 교장선생님에게 사정을 이야기하고 "교육 상담을 잘하는 선생님이 방문해서 아이와 이야기 좀 나누어주실 수 없을까요?"라고 부탁을 해보는 것이 좋다.

등교 거부는 '계기'와 '원인'을 구분해서 생각해야 한다.

- 계기 : 친구들과의 불화나 괴롭힘 등이 있다.
- 원인 : 학교를 며칠이나 쉬었기 때문에 가기 싫다.

등교 거부를 하는 아이들 대부분은 처음에 친구들과의 불화 등이 '계기'가 되어 "왠지 가기 싫다"는 생각에 학교를 쉰다. 하지만 학교를 쉬는 날이 계속 이어지면 쉬었다는 것 자체가 등교 거부의 '원인'이 된다. 일주일(주말을 포함하면 9일) 정도 쉬면 어른도 외출하기 싫어진다. '몸'이 움직이지 않는 것이다. 또 "이렇게 쉬었는데 친구들은 어떻게 생각할까?" 하는 식으로 주위 사람들의 시선도 의식하게 되어 더욱 학교에서 멀어질 수밖에 없다.

어느 지역의 교육위원회에서 결석 사유와 관계없이 초등학생이 3일 이상 결석을 하면 학교에서 교육위원회로 정보가 들어가 상담 선생님이 가정방문을 하는 시스템을 운용했다. 그 결과 초등학생의 등교 거부가 약 40퍼센트나 줄었다고 한다.

3일밖에 쉬지 않은 시점이라면 아직 방법은 있다. 그러나 열흘 정도 쉬면 그 아이의 입장에서는 가지 않는 것이 '당연한 것'이 된다. 아이가 3일 동안 학교를 쉬었다면 그 시점에서 즉시 학교에 연락해야 한다.

"너무 유난 떠는 게 아닐까?", "조금 더 상황을 지켜보는 게 좋지 않을까?" 하는 생각은 버리자. 상황을 지켜보는 동안에 아이는 더욱 학교에 가기 싫은 상황에 빠진다.

학교 선생님에게 연락했을 때 "너무 걱정하지 않으셔도 됩니다"라는 말을 들을 수도 있다. 하지만 걱정해야 한다.

아이를 필사적으로 지키겠다는 마음, 그 마음이 선생님에게 전해지면 선생님도 움직일 수밖에 없다. 부모는 걱정하는 게 당연하다. 사랑하는 아이를 걱정하는 것은 부모로서 당연한 일이다.

단, 아이 앞에서는 냉정해야 한다. 동요하는 마음을 감추고 침착하게 대응해야 한다. 부모가 걱정하고 있다는 사실을 알게 되면 아이는 더욱 불안해져서 학교에 가려는 의욕을 잃어버린다.

가정방문은
담임선생님만
하는 것이 아니다

　　　　　결석이 3일 이상 이어져 상담 선생님이 집으로 찾아오게 되는 경우, 갑자기 낯선 사람이 찾아오면 아이가 당황해하지 않을까 걱정할 수도 있다. 하지만 오히려 모르는 상대이기 때문에 편하게 대화를 나눌 수도 있다.

　어떤 중학교 선생님이 중학교 2학년생을 대상으로 흥미 있는 조사를 했다. 고민이 있을 때의 상담 상대에 관한 조사였다. 놀랍게도 친구와의 불화, 괴롭힘, 가정 문제 등에 관하여 '가장 상담하고 싶지 않은 상대'가 담임선생님이었다. 매일 얼굴을 대하는 담임선생님이기 때문에 개인적인 고민은 상담하고 싶지 않다는 것이다.

아이에게 무슨 일이 있을 때에는 먼저 아이에게 누구와 이야기하고 싶은지 물어보도록 하자. 아이가 모르겠다고 하면 교장선생님에게 전문적인 상담 선생님을 소개해 달라고 부탁한다.

외동아이는
노이즈에
약하다

부모의 인품이 좋고 아이도 얌전한 가정이라면 대부분 '노이즈(noise)가 적은' 조용한 분위기인 경우가 많다. 특히 외동아이를 둔 가정에서는 어른의 수가 더 많기 때문에 대화가 안정되어 있다. 일상적인 노이즈가 적은 것이다.

이런 가정에서 자란 아이를 다시 얌전한 아이들이 모여 있는 점잖은 사립학교로 보내면 노이즈에 대한 내성이 낮은 아이가 되기 쉽다. 분위기가 조금만 소란스러워도 스트레스를 받거나 견뎌내지 못하는 것이다.

자기가 직접 괴롭힘을 당하지는 않더라도 난폭한 남자아이들의 거친 행동을 보는 것 자체를 견디지 못해 등교 거부를 하는 사례도 있다.

노이즈에 강한 아이로 키우려면 어떻게 해야 할까. 우선 다양한 환경이나 성격을 가진 아이들과 어울리게 하는 것이 좋다. 구체적으로는 다음과 같다.

❶ 비슷한 분위기의 아이들이 모이는 사립학교를 피하고 다양한 분위기를 가진 아이들이 모이는 공립학교에 다니게 한다.

❷ 다양한 성격의 아이들이 모이는 동아리나 학원, 캠핑 등을 경험하게 한다.

어떤 환경에서 자랐건 언젠가는 사회에 진출해야 한다. 그리고 사회에는 다양한 노이즈가 존재한다. 노이즈에 지나치게 약해서 "이 직장은 시끄러워서 못 다니겠어"라는 식으로 활동 범위를 제한하지 않도록 어린 시절부터 신경을 써야 한다.

자존심이 강해
상처받기 쉬운
아이라면

외동아이가 나약한 원인 중의 하나는 자존심에 상처를 받는 경험이 적다는 것이다. 외동아이는 자기보다 나은 형제에게 핀잔을 듣거나 "너는 정말 한심해"라는 식으로 바보 취급을 받아본 경험이 없다. 따라서 상처받기 쉬운 '유리 같은' 자존심을 가진 채 성장하기 쉽다.

자존심이 강한 것 자체는 나쁘지 않다. "나는 할 수 있어!"라는 자신감은 삶의 중요한 에너지가 되기 때문이다. 그런 만큼 초등학교 저학년까지는 자존심을 드러내며 친구들에게 지나칠 정도로 자랑을 늘어놓는 경우도 있다.

"이 옷, 어제 산 거야."

"축구는 저 녀석보다 내가 훨씬 더 잘해."

"나는 학원에서 줄곧 최상위 클래스야. ○○보다 더 상위 클래스지."

부모의 입장에서는 자랑만 늘어놓으면 친구들이 싫어할 것 같아 "너는 그 정도 실력은 아냐", "너무 자랑하면 친구들이 싫어해"라고 말해주고 싶을 수도 있다.

하지만 그런 말은 하지 말아야 한다. 특히 아이 친구나 그 부모 앞에서 그런 말을 하면 아이는 큰 상처를 받는다. 자기자랑이 심하다는 느낌이 들거나 허영심이 강하다는 느낌이 들더라도 잠시 지켜보도록 하자. 부모가 아이의 자존심을 굳이 억누르지 않아도 세상은 엄격해서 자연스럽게 균형을 찾아간다.

친구와의 관계에서 풀이 죽어 돌아왔을 때에도 주의해야 한다. "그것 봐. 그렇게 잘난 척을 하니까 친구들이 싫어하지"라는 식으로 말하면 안 된다. "그랬어? 얼마나 가슴 아팠을까?" 하고 침울한 마음을 충분히 받아주어야 한다.

아이가 가벼운 좌절감을 경험할 때마다 부모가 그 마음을 이해하고 받아주면 그로 인해 아이는 저절로 '회복력'을 키우게 된다. 자존심이 상해서 풀이 죽어 있을 때 부모가 너그럽게 감싸주고 받아주는 경험이 축적되면 그것이 여유로운 마음의 토대가 되고, 사춘기에 접어들어 인간관계가 복잡해지거나 진로 때문에 고민하게 되었을 때도 분발할 수 있는 힘으로 작용한다.

작가 무로이 유즈키(室井佑月) 씨는 외동아들로 조부모와 부모의 사랑을 듬뿍 받고 자랐다고 한다. 그 때문에 초등학교에 입학할 때까지 "나는 특별해. 뭐든지 할 수 있어"라고 믿었다. 그런데 초등학교에 들어가 보니 성적이 최악이었다. 그는 비로소 자신이 평범한 아이라는 사실을 깨달았다. 그러나 '할 수 있다'는 자신감은 여전히 남아 있으며, 작가로서 활동하면서 늘 그 마음에 의지하고 있다고 한다.

아이가 어떤 문제에 부딪혀 힘들어한다면 일단은 지켜보고, 응석을 받아주자. 그런 경험을 쌓도록 하는 것이 강한 아이로 키울 수 있는 비결이다.

4장

외동아이를 키울 때 활용하는
네 가지 브레이크

네 가지
브레이크를
잘 활용하자

외동아이의 가장 큰 장점은 부모의 사랑을 독점할 수 있다는 것이다. 그러나 그와 동시에 부모의 기대나 관심도 혼자 감당해야 한다. 그래서 나는 외동아이를 둔 부모에게 이런 조언을 한다.

"너무 잘해주지 마십시오."

"너무 잘하기를 바라지 마십시오."

"브레이크를 잘 활용하십시오."

여기에서 부모가 활용해야 할 브레이크를 다음과 같은 네 가지로 설명할 수 있다.

가정교육이 지나치지 않도록 막아주는 브레이크

- ☁ 외동아이라서 가정교육을 더욱 엄격하게 하려고 노력 하고 있다.
- ☁ 외동아이라서 지나치게 응석을 부리지 못하도록 신경 쓰고 있다.

부모가 지나치게 엄격한 교육 방침을 취하면 아이의 마음속 에는 "엄마, 아빠는 나를 좋아하지 않아", "엄마, 아빠는 내가 마음에 들지 않는 거야"라는 자기부정적인 마음만 남게 된다. 이것은 아이로부터 '마음의 에너지'와 '회복력'을 빼앗는 것과 같다.

"외동아이는 독선적이다."

"외동아이는 응석둥이다."

이런 생각도 편견이다. 아이는 부모가 굳이 엄격하게 훈육 하지 않아도 학교나 사회에서 어쩔 수 없이 혹독한 경험을 하 게 된다. 오히려 부모의 역할은 집 밖에서 괴로운 경험을 하는 아이의 '마음의 안전기지'가 되어 몇 번이고 아이의 마음을 받 아주는 데에 있다.

배움이 지나치지 않도록 막아주는 브레이크

- ☁ 세 가지 이상의 학원을 다니고 있다.
- ☁ 아이가 그만두고 싶다고 해도 간단히 그만두게 하지
  않는다.

외동아이의 부모들 중에는 피아노나 바이올린, 서예, 수영, 미술, 스포츠 등을 가르치거나 봉사활동을 함께하는 데 열성적인 사람도 많다.

다양한 재능이나 기능을 익히는 것 자체로는 문제가 없다. 실제로 예술 분야 등에서 우수한 재능을 발휘하고 있는 사람들 중에는 "어린 시절에 매일 다른 학원에 다녔다"는 사람도 있고, 다양한 기능을 경험하는 과정을 통하여 자신이 흥미를 느끼는 대상이나 적성에 맞는 분야를 발견하는 경우도 있다. 또 원하는 분야에 도전하도록 부모가 이끌어주는 것도 나쁘지 않다.

그러나 그것을 즐기는 아이가 있고 그렇지 않은 아이가 있다. 하기 싫은 일을 억지로 해서는 제대로 배울 수도 없을 뿐 아니라 오히려 더욱 싫어할 수도 있다.

작가 시마다 마사히코(島田雅彦)는 외아들에게 강제로 유도를 배우게 했다. '집단 괴롭힘 등에 대한 내성을 기르기 위해서'였다. 그러다가 아들이 중학생 때 "유도를 그만두고 육상을 하고 싶다"고 말하자 '부모가 강제로 시킨 학습을 거부하는 것은 자립을 하겠다는 사인'이라고 생각하고, 즉시 그 요구를 들어주었다.

그러나 나중에 아들은 "유도는 수동적인 위치에서 배우는 것입니다. 수동적이라는 것은 패했을 때를 말하는데, 멋지게 패배하는 방법을 가르쳐주는 스포츠는 유도밖에 없을 것입니다"라고 말하며 유도를 배우면서 교훈을 얻은 점에 대하여 아버지에게 감사의 뜻을 밝혔다.

이런 사례처럼 "어렸을 때에는 부모가 시키는 대로 억지로 했지만 지금 생각해 보면 큰 도움이 되었다"고 감사하게 여기는 경우도 분명히 있다.

중요한 점은 아이가 보내는 사인을 받아들일 줄 알아야 한다는 것이다. "정말 하기 싫어요"라고 힘들다는 사인을 보낼 때에는 역시 중단하는 것이 바람직하다. 또 아이 자신이 해보고 싶다는 것을 가르칠 때에도 '약속'을 정하고 가르쳐야 한다.

- 일단 시작하면 최소한 한 달은 계속한다.
- 집에서 확실하게 연습한다.

이 두 가지 사항을 약속한 뒤에 배울 수 있도록 허락한다.

친구 관계에 대한 지나친 간섭을 막아주는 브레이크

- 누구하고 잘 어울리는지, 무엇을 하고 노는지 등을 하나하나 확인한다.
- 집에서 혼자 있으면 "친구하고 놀아야지" 하고 끈질기게 권한다.

외동아이는 친구와의 관계 형성이 서투를 수도 있다. 하지만 부모가 다양한 아이들을 만날 기회를 계속 만들어주면 점차 익숙해져서 자연스럽게 다른 아이들과 어울리기 시작한다.

여기에서 중요한 점은 친구를 만들 수 있는 기회는 제공해도 지나친 참견은 하지 않는다는 것이다. "○○하고는 안 놀아?", "○○는 안 돼"라는 식으로 어머니가 직접 나서서 아이의 친구를 선택하거나 생일에 부를 친구를 결정하는 것은 절대 안 된다.

친구 관계에 대한 쓸데없는 참견은 결코 좋은 결과를 얻을 수 없다.

공부에 대한 지나친 요구를 막아주는 브레이크

☁ 아이의 시험이나 성적에 일희일비(一喜一悲)한다.

☁ 아이의 성적을 다른 아이와 비교해서 칭찬하거나 꾸짖는다.

아이에게 기대를 가지는 것 자체는 나쁘지 않다. 아이가 부모의 기대에 부응하기 위해 노력하기 때문이다. 하지만 아이에 대해 '지나친 기대'를 하거나 '다른 아이와 비교'를 하는 것은 금물이다.

아이가 부모의 기대에 부응하기 위해 지나칠 정도로 얽매이는 것을 '과잉 적응'이라고 한다. 부모의 기분에 민감한 외동아이는 과잉 적응에 빠지기 쉽다.

아이가 부모의 기대만큼 하지 못했을 때 사랑받을 수 없다고 생각한다면, 그것은 '조건부 사랑'이다. "엄마는 성적이 좋은 나를 좋아하지만 성적이 나쁜 나는 사랑하지 않아" 하는 식으로 생각하게 된다면 아이는 마음의 안정을 잃기 쉽다.

아이의 성적에 대해서는 '지나치게 기뻐하지 말 것', '지나치게 우울해하지 않을 것', 특히 '다른 아이와 비교하며 칭찬하거나 꾸짖지 않을 것'이 중요하다.

동생을 원한다는
말을 들었을 때의
대처 방법

고스케는 네 살짜리 외동아들이다. 어느날 고스케의 어머니가 심각한 표정을 짓고 찾아왔다.

"선생님, 우리 아이는 거짓말쟁이예요. 얼마 전에 고스케 친구의 어머니가 '어머, 축하드려요. 임신하셨다면서요?'라고 말하는 거예요. 저는 임신하지 않았는데 말이죠. 아무래도 고스케가 친구에게 동생이 생긴 것이 부러워서 '우리 엄마 배 속에도 아기가 있어'라고 거짓말을 한 것 같아요."

"이런! 놀랐겠군요. 하지만 어린아이들에게서는 흔히 볼 수 있는 일입니다."

"그런가요? 거짓말을 한 것도 충격이고 고스케가 동생을 원한다는 사실도 충격이어서……. 저는 나이도 있고 몸도 약해서 아이는 고스케 한 명으로 끝낼 생각이었는데, 역시 한 명 더 낳아야 하는 것일까요?"

"아닙니다. 그렇게 심각하게 생각할 필요는 없습니다. 아이는 자신과 친구를 비교해서 '우리 집에는 왜 아기가 없지?' 하는 의문을 느꼈을 뿐입니다. 일시적인 현상입니다."

"그럴까요? 그렇게 중요하게 생각하지 않아도 된다는 말이지요?"

"그럼요. 어머니가 안정된 모습을 보이는 것이 아이의 입장에서는 가장 중요합니다. 아이의 말에 휘둘리지 마십시오."

외동아이는 친구에게 형제가 있다는 사실이 부러워서 자기도 동생을 가지고 싶다고 말하는 경우가 있다. 또 초등학생이 되면 형제끼리 놀러가는 모습을 보고 부러워하기도 한다. 그러나 그것은 일시적인 감정이니 신경 쓸 필요는 없다.

아이를 낳는 것은 바란다고 무조건 가능한 일이 아니다. 그이전에 어머니의 삶을 결정하는 것은 어머니 자신이다. 아이에게 미안하게 생각할 필요는 전혀 없다.

중요한 것은 아이의 말에 휘둘리지 않는 의연한 태도다. 아이에게서 "동생을 갖고 싶어!"라는 말을 듣고 마음이 흔들려서 눈물이 나오거나 감정적인 말이 나올 것 같을 때에는 아이와 잠시 떨어져 있는 게 좋다. 화장실에 가서 5분이나 10분 정도 마음을 안정시킨 뒤에 아무렇지 않은 표정으로 아이에게 돌아가도록 한다.

부모가 "외동아이는 역시 외롭구나" 하는 생각에 슬픈 표정을 지어보이면 그 모습을 보고 아이는 "외동아이는 나쁜 것이구나" 하고 생각하게 된다. 부모의 불안이 아이의 불안을 낳는 것이다.

아이를 하나만 낳기로 결정했을 때

"나는 왜 형제가 없어?"라고 묻는 아이에게 형제가 없다는 점을 기분 좋게 받아들일 수 있도록 다음과 같은 긍정적인 말을 해준다.

☀ "○○가 너무 사랑스러워서 아이는 너 하나로 충분해."

다음과 같은 부정적인 말은 하지 않는다.

- ☁ "동생을 낳아주지 못해서 미안해."
- ☁ "엄마, 아빠는 아이를 하나만 낳기로 결정했단다. 너한 테는 미안하구나."

부모에게 "형제를 낳아주지 못해서 미안해"라는 말을 듣게 되면 아이는 "형제가 없으면 불쌍한 거구나" 하고 생각한다. 형제가 없다는 사실 때문이 아니라 "미안해"라고 말하는 부모의 말에 의해 마음의 상처를 받는 것이다.

부모가 한 명을 더 낳고 싶지만 아직 생기지 않았을 때
심각한 표정은 짓지 말고 가벼운 마음으로 설명해 준다.

- ☀ "하느님이 결정하는 것이니까 엄마도 알 수 없어."
- ☀ "엄마도 하나 더 있으면 좋겠다."

절대로 해서는 안 되는 말은 "○○가 착한 아이가 되면 동

생이 생길 수도 있지"라는 말이다. 이 말을 들으면 아이는 동생이 생기지 않는 이유가 자기에게 있다고 생각하여 스스로를 책망하게 된다. 따라서 절대로 피해야 하는 말이다.

- ☁ "○○가 착한 아이면 동생이 생길 거야. 나쁜 아이면 안 생길 거고."
- ☁ "엄마도 낳고 싶은데 생기지 않아서 슬퍼."

아이의 놀이에
어디까지 동참해야
하는가

외동아이를 키우는 일은 형제가 있는 경우보다 오히려 손이 더 가는 편이다. 외동아이는 집 안에서 놀이 상대가 없기 때문에 늘 "엄마, 엄마" 하면서 쫓아다니는 경우가 많아 엄마는 아이의 손을 놓을 수가 없다.

따라서 외동아이의 부모는 아이와 함께 마음껏 뛰놀아 주거나 대화를 나눔으로써 '형제' 혹은 '친구'의 얼굴을 해야 할 때도 있고, '엄마'나 '아빠'의 얼굴을 번갈아가며 사용해야 할 때도 있다.

그렇다고 "형제가 없으니까 내가 상대해 줄 수밖에 없어" 하는 의무감에서 하기 싫은 놀이 상대를 해줄 필요는 없다. 초조한 마음으로 놀아주면 그 마음이 아이에게 전달되어 아이는 "엄마는 나와 함께 있어도 즐겁지 않아", "아빠는 나를 싫어해"라는 식으로 생각하기 때문이다.

또 부모가 아이가 원할 때마다 매번 아이의 놀이에 동참하면 아이가 "내가 원하면 엄마는 언제든지 함께 놀아줘", "아빠는 내가 말하는 대로 하는 사람이야"라는 자기중심적인 생각을 가지게 된다.

기본적으로는 부모도 자신이 읽고 싶은 책을 읽거나 집안일을 하는 등, 해야 할 일을 하면서 아이의 '함께 놀자'는 요구에 '가능한 범위' 안에서 대응해 주면 된다. 요리나 청소 등의 집안일을 아이와 함께 즐기면서 하는 것도 좋은 방법이다.

무엇보다 중요한 것은 부모 자신이 행복하고 활기찬 표정으로 하루하루를 보내는 것이다. 부모가 행복해야 아이의 마음도 행복해질 수 있고 바람직한 육아를 할 수 있다.

가족 여행을 갈 때 아이가 외로울까 봐 반드시 아이가 있는 다른 가족과 더불어 여행을 가는 부모가 있다. 나쁜 것은 아니지만 매번 그런 식으로 행동한다면 그것 또한 문제다. 부모는 '아이'라는 손님을 즐겁게 하는 여행 대리점이 아니다. 아빠, 엄마, 아이 세 명이 협력해서 '즐거운 여행'이라는 목적을 달성하는 것도 '협동심'이나 '성취감'을 양성할 수 있는 좋은 계기가 된다.

'가족은 즐거운 여행이라는 목적을 달성하기 위한 팀'이며, '나도 팀의 일원'이라는 감각을 익히게 하자. 목적을 달성하기 위해 세 명이 힘을 모으는 경험이 아이의 성장에 도움이 될 것이다.

항상 아이를 즐겁게 해주어야 한다는 강박관념은 이제 버리도록 하자.

이혼할 때에
아이에게 해주어야
할 말

부모가 이혼을 하면 아이는 자기가 나쁜 아이라서 부모가 이혼을 한 것이라고 생각할 수 있다. 자신의 주변에서 발생하는 모든 일들을 자신과 연결 지어 부정적으로 생각하는 것이다.

따라서 혹시라도 이혼을 할 경우에는 반드시 아이의 탓이 아님을 분명하게 말로 전해주어야 한다.

☀ "엄마, 아빠는 사이좋게 살아보려고 노력했지만 따로 사는 쪽이 더 사이좋게 지낼 수 있을 것 같아."

☀ "엄마도 아빠도 너를 정말 사랑해."

☀ "엄마랑 아빠가 따로 살게 된 건 절대로 너 때문이 아니야."

싱글맘은
모성이 부족해지기
쉽다

이혼한 뒤에 싱글맘이 주의해야 할 점은, 아버지가 없으니 더 잘 키워야 한다는 생각에 아이에게 지나치게 엄격해지기 쉽다는 것이다. 이런 사례가 있다.

싱글맘인 사치에 씨는 보육 시설에 다니는 딸 도모미와 좀처럼 손을 잡지 않는다. 한부모 가정에서 자라는 외동아이 도모미가 강하고 늠름하게 자라주기를 바라기 때문이다. 마중을 가도 아이 스스로 돌아갈 준비를 하도록 하고 우물거리면 가차 없이 손을 놓고 앞장서서 걸어간다. 사이좋게 손을 잡고 집으로 돌아가는 친구들이 많기 때문에 두 사람의 모습은 멀리서도 쉽게 눈에 띈다.

한동안 도모미가 매일 밤 이불에 오줌을 싸는 일이 있었다. 도모미의 어머니가 보육 시설 선생님에게 상담을 했더니 "스킨십을 좀 해주시는 게 어떻겠어요? 예를 들면, 집으로 돌아갈 때 손을 잡아준다거나 함께 잠을 잔다거나요" 하고 조언을 해주었다. 반신반의하면서 실천에 옮긴 결과, 오줌을 싸는 버릇은 즉시 멈추었다.

싱글맘 중에는 사치에 씨처럼 아버지가 없는 만큼 자신이 아버지의 역할도 담당해야 한다는 생각에 아이를 지나치게 엄하게 대하는 사람이 적지 않다. 사회의 규칙을 가르치는 '부성'을 '모성'보다 앞세워서 발휘하는 것이다.

한부모 가정의 아이에게 필요한 것은 무슨 일이 있더라도 100퍼센트 자신을 받아주는 존재다. 그것이 '모성'이다. 그러나 아버지가 없으니까 엄하게 키워야 한다는 생각이 강한 싱글맘의 가정은 '모성 부재'인 가정이 되기 쉽다. 그럴 경우, 아이에게서 "무슨 일이 있어도 나는 괜찮아"라는 마음의 안전기지가 사라져버려 아이의 마음은 불안정한 상태에 놓이게 된다.

이혼을 하지 않은 일반 가정이라도 아버지가 일에 쫓겨 집에 있는 시간이 거의 없는 가정에서는 '실질적인 싱글맘' 상태에서 아이를 키우는 어머니가 많다. 대부분의 상황이 싱글맘 가정과 비슷해지는 것이다.

어머니 혼자 모성(사탕)과 부성(채찍)을 구분하여 사용하는 것은 매우 어려운 일이다. "우리 집은 아빠가 없기 때문에 나 혼자 아빠와 엄마, 양쪽의 역할을 담당해야 해"라는 생각은 버리자. '부성의 역할'은 학교나 학원의 선생님, 외할아버지, 외삼촌 등으로도 충분하다.

"엄마는 무슨 일이 있어도, 네가 어떤 잘못을 저질러도 100퍼센트 네 편이야"라는 절대적인 모성(무조건적인 사랑) 쪽을 우선시해야 한다. 그것이 아이가 자라는 데에 가장 필요한 영양분이기 때문이다.

어머니가 일을 하면
외동아이가 더
외롭다?

　　　　"일은 저의 보람이기 때문에 절대로 그만둘 수 없
어요. 하지만 아무래도 퇴근해서 집으로 돌아오면 7시가 지
나기 때문에 아이가 6시에 학교에서 돌아와서 혼자 시간을
보내야 하는 게 걱정이에요. 형제라도 있으면 외롭지 않겠지
만……."

　아들이 이번에 초등학교 1학년에 입학하는 워킹맘 유미 씨
의 고민이다.

　"일하는 엄마의 입장에서 아이가 혼자 보내야 하는 시간은
아무래도 신경이 쓰이지요."

"네. 제 어머니도 '그렇게 어린 나이의 아이를 집에 혼자 두어도 괜찮겠니?'라고 말씀하셔서 뭔가 심리적으로 나쁜 영향을 끼치지는 않을지 불안해요."

"걱정하실 필요는 없습니다. 엄마가 초조하고 불안한 표정으로 집에 있는 것보다는 차라리 밖에서 일을 하시는 쪽이 아이에게도 좋으니까요."

"하지만 매일 저녁 한 시간씩이나 혼자 있게 되면 실제로 외롭겠지요?"

"물론 그럴 수 있지요. 형제가 있는 아이를 보면 부러운 느낌이 들 수도 있습니다. 하지만 외로운 대신에 인간의 '고독'이 무엇인지 그 감정을 일찍 경험할 수 있다는 점에서는 아이의 성장에 큰 도움이 될 수 있습니다."

"고독은 좋은 게 아니잖아요."

"고독한 시간이야말로 아이가 다양한 상상을 할 수 있는 소중한 시간입니다. 그 상상에 의해 내면세계가 심화되는 것이지요."

"아이가 혼자 있는 시간도 의미가 있다는 말씀인가요?"

"다만 혼자 있는 시간이 너무 길면 바람직하지 않습니다. 특히 9세, 10세 정도부터는 다양한 면에서 다른 사람과의 차이를 의식하고 불안정해지기 쉽지요. 개인적인 차이는 있지만 고독을 느끼기 쉬운 시기입니다. 아이가 초등학교 4학년에서 중학교 3학년 정도일 때까지는 가능하면 어머니가 집에 계시는 시간을 늘리는 게 좋습니다."

"그런가요? 아이가 고학년이 되면 마음 놓고 야근도 할 수 있을 것이라 생각했는데……. 듣고 보니 확실히 고학년이 되면 어린아이는 아니니까 고독감은 더 느끼겠네요."

"그렇습니다. 만약 어머니가 일 때문에 어쩔 수 없이 늦어지는 경우에는 청소년지원센터 같은 다양한 시설이나 공적 서비스를 이용해서 혼자 시간을 보내지 않도록 하는 것도 좋은 방법입니다. 그런 공적인 서비스 중에는 알찬 프로그램들이 많아서 부모와 함께 있는 것 이상으로 충실한 시간을 가질 수 있을 것입니다."

"정보를 많이 가지고 있어야겠네요. 학원에 보내는 것도 괜찮을까요?"

"그것도 괜찮습니다. 학원에서도 친구를 만들 수 있으니까요. 학교보다 학원에서 더 많은 친구를 만드는 아이들도 있습니다. 또 가능하다면 집에서 5분 이내의 장소에 아이와 정말 친하고 필요할 때에는 언제든지 만날 수 있는 친구의 집이 있으면 더욱 좋지요."

학원이 갑자기 휴강 등으로 문을 닫으면 혼자 지내야 하기 때문에 심한 외로움을 느끼는 경우가 있다. 어린 시절에 이런 경험은 대부분 한 번쯤 했을 것이다. 갑자기 견딜 수 없는 외로움이 느껴질 때, 갑자기 마음이 불안할 때, 혼자 있는 것이 정말 외롭게 느껴질 때 마음 편히 만날 수 있는 친구가 가까운 곳에 살고 있으면 어머니로서는 안심할 수 있다.

5장

3인 가족의
위태로운 균형

수평관계로
긴장을
완화한다

외동아이 가족에게는 아이가 한 명뿐이고, 가족 구성원은 총 세 명이다. 조부모가 함께 사는 경우를 제외하면 항상 셋이 행동하는 일이 많고, 아이는 '어른 두 명, 아이 한 명'의 '긴밀한 삼각관계' 안에서 대부분의 시간을 보낸다.

만약 이 가족에게 '긴장감'이 감돌면 아이는 혼자 어른 두 명이 만들어내는 중압감을 감수해야 한다. 또 가정에 부모와 자식이라는 '수직관계'만 존재한다면 외동아이의 입장은 회사 생활로 비유하자면 아무리 시간이 지나도 변하지 않는 '신입사원' 상태일 뿐이다. 매우 혹독한 상태인 것이다.

그렇다면 어떻게 하는 것이 좋을까? 부모는 아이에게 '칭찬하고 꾸짖는 수직관계'뿐 아니라 친구나 형제 같은 '수평관계'도 만들어주어야 한다. '친구 같은 부모'에 대해서는 비판적인 의견을 가진 사람이 많은데 외동아이 가족은 가족 간의 긴장을 완화하기 위해 '친구 같은 부모'의 요소를 어느 정도 갖추는 것이 좋다.

'칭찬'에서 '함께 기뻐하는 모습'으로

☁ "잘했어! 그것 봐. 엄마가 노력하면 할 수 있다고 말했지?"(수직관계)

☀ "정말 멋져! 엄마는 ○○가 노력하는 모습을 보고 있는 게 즐거워."(수평관계)

제안한 뒤 선택하게 한다

☁ "이번에 홋카이도로 여행을 갈 예정인데 너도 데려갈까?"(수직관계)

☀ "이번에 홋카이도로 여행을 갈까 하는데, 넌 어떻게 생각하니?"(수평관계)

칭찬하고 꾸짖는 태도는 수직관계이며 '아이 취급'을 하는 관계다. 수평관계는 아이를 하나의 인간으로 존중하고 '어른 취급'을 하는 관계다. '아이 취급'을 받은 아이는 "어차피 나는 아직 아이니까"라고 생각하여 성장이 늦어진다. 어엿한 인간으로 존중을 받으며 '어른 취급'을 받은 아이는 그 신뢰에 부응하여 성장한다.

부모가 '수직관계'만 유지하면 외동아이는 숨이 막혀 질식해 버린다. 성장을 촉진하기 위해서라도 의식적으로 '수평관계'를 도입해야 한다.

수직관계를
엄격하게
지켜야 할 때

외동아이 가정에서 부모와 자녀는 수평관계로 긴장을 완화시킬 필요가 있다. 그러나 부모와 자식이 대등해서는 안 된다. 싸움을 할 때나 바다에서 아이가 위험한 지역으로 들어가려 할 때와 같이 자타의 생명을 위험하게 만들 경우에 부모는 큰 소리를 내더라도 "그건 안 돼!" 하고 윗사람으로서 단호하고 확실하게 차단해야 한다. 설사 화를 내더라도 자신의 생명을 지켜주기 위해서라는 마음이 전해지면 아이는 부모의 진심 어린 사랑을 느낄 수 있다.

도둑질을 하거나 다른 아이를 괴롭히는 등 비열한 행위를 했을 때도 부모는 단호하게 그런 행동을 차단하는 강한 '벽'이 되어야 한다.

특히 누군가를 괴롭힌 경우, 부모는 아이를 데리고 상대 아이의 집으로 찾아가 정중하게 사과해야 한다. 깊이 머리를 숙이면서 "죄송합니다"라고 말하는 부모의 모습을 보고 비로소 아이는 "내가 정말 나쁜 짓을 했구나" 하고 죄의식을 느끼게 될 것이다.

부부의
육아 방침이
다른 경우

3인 가족이 어긋나는 경우는 육아에 있어서 어머니와 아버지의 의견이 부딪칠 때다. 자라온 가정환경이나 사고방식이 다르기 때문에 부부라고 해도 육아에 대한 사고방식은 얼마든지 다를 수 있다. 그러나 머리로는 이렇게 이해하고 있으면서도 실제로 아이 앞에서 생각이 부딪치게 되면 화가 나거나 기분이 나빠진다.

예를 들면, 어머니는 아이에게 식사 전에 단 과자를 먹지 못하도록 교육하고 있다. 그런데 아이 아버지가 어쩌다 집에 함께 있으면서 "뭐 어때? 먹고 싶으면 먹어야지"라고 말하면 어머니로서는 당연히 화가 난다. 더구나 아이가 "역시 아빠가 최고야. 엄마는 잔소리꾼이야" 하는 식으로 한마디 거들면 참을 수 없을 정도로 화가 치밀어 오를 수도 있다. 남편 입장에서는 아내가 왜 그렇게 화를 내는 것인지 이해하지 못한다.

이런 경우, 아이는 어떤 생각을 할까?

"아빠 말을 들으면 엄마의 기분이 나빠져."
"엄마 말을 들으면 아빠의 기분이 나빠져."

이래서야 아이가 항상 두 사람의 눈치를 살펴야 하기 때문에 마음 놓고 생활할 수 없다. 이때 "하여튼 엄마, 아빠는……" 하고 함께 불평을 늘어놓을 수 있는 상대가 없으니, 외동아이는 더 괴로울 뿐이다.

따라서 부부는 육아에 관해서 미리 진지한 대화를 나누어야 한다. 대화의 핵심은 구체적으로 규칙을 정하는 것이다. 서로 양보할 수 있는 부분과 그렇지 못한 부분을 이야기하고, '저녁 식사 전에는 원칙적으로 간식을 주지 않는다', '단, 저녁 식사 시간이 저녁 7시를 지나는 경우에는 식사 전이라도 간식을 먹을 수 있다'는 식으로 구체적인 규칙을 정해두어야 한다.

이런 규칙을 미리 정해두지 않으면 사소한 의견 대립이 발생했을 때 그것을 참지 못하고 말다툼을 벌이기 쉽고, 그것을 지켜보는 아이는 불안감에 휩싸인다. "아, 이건 아냐!", "이건 규칙 위반이야!"라는 느낌이 들었을 때라도 그 자리에서는 일단 조용히 넘어가고 아이가 잠든 이후에 대화를 나누도록 한다.

아이가 보는 앞에서 육아 문제로 부부가 다투는 일은 절대로 하지 말아야 한다.

외동아이의 입장에서
부모의 싸움만큼
괴로운 것은 없다

외동딸인 대학생 사토미 씨는 이렇게 말한다.

"외동아이라서 싫다고 생각한 적은 없지만 부모님이 싸움을 할 때만큼은 '형제가 있으면 좋을 텐데' 하는 생각이 들었어요. '엄마, 아빠 중에 누구를 따라갈 거야?' 하고 물어보면 뭐라고 대답해야 하나 싶어 잠 못 이룬 날도 많아요."

네 살짜리 유타를 키우고 있는 교코 씨는 외동아들의 예상하지 못한 말 때문에 깜짝 놀랐다고 한다.

"유타가 아침에 갑자기 열이 났는데 남편과 저는 둘 다 볼일이 있어서 누가 병원에 데리고 갈 것인가 하는 문제로 싸움이 났어요. 결국은 제가 병원에 데려가게 되었는데, 의사 선생님이 '유타, 오늘은 무슨 일로 왔니?' 하고 물어보니까 유타가 머리가 아파서 왔다는 말은 하지 않고 '선생님, 아침에 엄마랑 아빠가 싸웠어요!'라고 대답하는 거예요! 우리가 싸우고 있을 때에는 아무런 표정 없이 지켜보기만 하더니…… 나중에 의사 선생님이 '아이 앞에서는 가능하면 부부싸움은 자제하십시오'라고 말씀하시는데 창피해서 혼났어요. 하지만 유타의 진심을 듣게 되어서 다행이라고 생각해요."

아이는 부모가 싸우는 것을 정말 싫어한다. 특히 외동아이는 부모가 싸울 때에 불안감과 공포를 나눌 형제가 없다. 부모로 인해 불안할 때, 부모에 대한 불평불만을 함께 이야기하고 싶을 때 대화 상대가 없다는 것은 어른이 상상하는 것 이상으로 정말 고통스러운 일이다.

부부는 원래 타인이다. 그런 두 사람이 함께 생활하는 것이기 때문에 얼마든지 싸움을 할 수 있다. 단, 싸움을 할 때에는 다음과 같은 세 가지 규칙을 지키도록 하자.

아이 앞에서 심한 싸움은 하지 않는다

화를 내거나 울거나 폭력을 휘두르는 것은 아이에게 공포감을 심어주기 때문에 반드시 피해야 한다.

서로 무시하지 않는다

싸움에는 다양한 형태가 있다. 소리를 지르고 폭력을 휘두르는 싸움도 있지만 서로 무시하면서 말 한마디 섞지 않는 싸움도 있다. 이른바 '냉랭 상태'다. 이것은 아이의 입장에서 숨이 막히는 환경이다. 집 안 전체가 '감정을 억누르고 있는 분위기'가 되기 때문에 아이도 감정을 억누르게 되고 '하고 싶은 말이 있어도 할 수 없는 상태'에 놓인다. 하고 싶은 말을 하지 못하는 상태가 계속 이어지면 아이가 가진 '마음의 에너지' 자체가 사라지게 된다.

아이 앞에서 화해한다

아이 앞에서 싸움을 했다면 화해 역시 반드시 아이 앞에서 해야 한다. 싸움은 아이 앞에서 하고 화해는 아이가 잠든 이후에 하는 부부가 있는데 이것은 바람직하지 못한 행동이다. 부모가 화해하는 과정을 지켜보는 것으로 아이는 "싸우더라도 화해할 수 있는 거구나" 하고 안도감을 느낄 수 있다. "우리 집은 하고 싶은 말이 있으면 해도 되는 집이야" 하고 느끼게 되면 아이는 보다 건강하게 성장할 수 있다.

아버지는
어떤 식으로 육아에
참여해야 하는가

육아가 힘들다고 말하는 어머니들의 이야기를 듣고 있으면 한 가지 공통점이 있다. 그런 어머니들은 대부분 '실질적인 싱글맘' 상태에서 육아를 책임지고 있다는 것이다. 남편은 일 때문에 바빠서 육아를 전혀 도와주지 못한다. 무슨 상담을 해도 남편은 "아이는 당신에게 맡겼으니까"라는 식으로 대답할 뿐이다. 그렇게 되면 어머니의 입장에서는 두 사람의 아이인데 왜 혼자만 육아를 담당해야 되는지에 대해 불만을 느낄 수밖에 없다.

현재 40~50대에 해당하는 사람들은 '육아는 여성이 알아서 한다'는 의식이 강한 세대다. 그에 비하여 35세 전후 세대부터는 의식이 바뀌기 시작해서 육아를 좋아하는 아버지도 등장하고 있다. 그러나 경제 악화나 비정규직 증가 등으로 장시간 노동이 증가하면서 아버지 입장에서는 육아에 가담하고 싶어도 뜻대로 할 수 없는 상황이 많다.

사실 일본인은 프랑스인이나 독일인보다 오랜 시간 노동에 종사하고 있음에도 1인당 GNP(국내총생산)는 독일, 프랑스와 비슷하다. 노동생산성(단위 시간에 투입된 노동량과 그로 인한 생산량과의 비율)은 G7 국가들 중에서 최하다. '장시간 노동을 통하여 간신히 성과를 올리는' 일본의 실정을 엿볼 수 있다.

반면에 '일과 삶의 조화(Work-Life Balance)'에 관한 의식은 점점 높아지고 있다. 앞으로 사람들이 일하는 방식은 '보다 자신의 상황에 맞추어 일을 하는' 쪽으로 크게 변화할 것이다. 하지만 아직은 과도기다. 따라서 아버지가 육아에 관여하는 것은 생각처럼 쉽지 않다. 이런 상황에서 아버지는 어떤 식으로 육아에 관여해야 할까?

아버지가 해야 할 일은 '아내 지원'이다. 이렇게 말하면

'집안일을 돕는다', '아이를 보살펴준다'고 생각하는 아버지가 많을 것이다. 그런 '구체적인 지원'도 물론 필요하지만 보다 중요한 것은 '심리적 지원'이다.

아이를 둔 세 명의 어머니들이 차를 마시고 있다. 그녀들은 대학 시절의 친구다. 육아 이야기로 꽃을 피우게 되자 도중에 남편이 육아나 가사를 어느 정도나 도와주고 있는지가 화제에 올랐다.

먼저 게이코가 "미유키의 남편은 육아에도 신경을 쓰고 가사도 잘 도와준다면서? 부럽다!" 하고 말했다. 하지만 당사자인 미유키는 표정이 그다지 밝지 않다.

"맞벌이를 하다 보니까 남편이 도와주지 않으면 생활을 유지하기 힘들어. 그렇지만 한번 요리를 하면 주방을 엉망으로 만들거나 아이에게 붉은 티셔츠에 붉은 바지를 입히곤 해. 도무지 마음에 들지 않아."

미유키의 불만이 터져나온다.

"그래, 가사나 육아는 방식이 서로 다르니까 도와준다고 무조건 반가워할 일은 아닌 것 같아. 차라리 내가 하는 게 훨씬

186

빠르지."

역시 맞벌이를 하고 있는 사치에가 끼어든다. 그 이야기를 듣고 지금까지 부러워하고 있던 게이코가 뭔가 생각난 듯 이렇게 말한다.

"아, 그런 의미에서는 우리 남편이 낫네. 그이는 일 때문에 늦게 돌아오기 때문에 가사나 육아는 전혀 도와주지 않아. 하지만 아무리 피곤해도 내 불평이나 불만을 '그랬구나. 힘들었지?' 하면서 모두 들어줘. 그래서 스트레스는 거의 받지 않아."

그 말에 나머지 두 사람은 서로의 눈을 마주 보고 크게 고개를 끄덕인다.

이처럼 가사나 육아 등의 '구체적인 도움을 주는 남편'보다 아내의 불평불만을 충분히 들어주고 아내의 마음을 지원해 주는 쪽이 아내의 입장에서는 훨씬 만족도가 높을 수도 있다.

남편에게
도움을
요청하는 비결

남편에게 육아나 가사의 도움을 받고 싶을 때 도움을 요청하는 비결이 있다.

- 구체적으로 지시한다.
- 분명하고 긍정적인 말투로 전달한다.

말을 할 때에는 남편의 자존심을 세워주는 말을 사용하는 것이 바람직하다. 아내가 "말하지 않아도 알아서 좀 도와주면 좋잖아!", "좀 스스로 생각해서 움직여봐!"라고 하면 남편의 입장에서 볼 때 이것은 이해하기 어려운 주문이다. 지시를 구체적으로 전달해야 남편도 그 요구를 실행하기 쉽다.

☁ "시간 있을 때는 아이도 좀 돌봐줘!"
☀ "시간 있으면 아이하고 이 앞 공원에 가서 한 시간 정도 놀아주면 좋겠는데, 가능해?"

☁ "내일 아침에 먹을 만한 것 좀 사다 줘."
☀ "오늘은 이상하게 피곤하네. 미안하지만 마트에 가서 식빵하고 계란하고 토마토 좀 사다 줄 수 있어?"

☁ "쓰레기 좀 버려!"
☀ "아침에 일어났을 때 쓰레기가 깨끗하게 치워져 있으면 편하겠는데……. 그걸 보면 '나는 사랑받는 아내구나' 하는 생각이 들 것 같아."

남자는 '자존심으로 살아가는 동물'이기 때문에 자존심을 충족시켜 주는 말투를 사용하여 구체적으로 무엇을 원하는지

정확하게 전달하면 실행에 옮길 가능성이 높다. 남편의 지원을 통해서 어머니의 심신이 편해지고 정신적으로 안정이 되면 아이의 마음에도 긍정적인 에너지가 쌓인다. 남편에게 도움을 요청하는 비결을 반드시 시도해 보자.

'아빠와 아이'
둘이서
외출한다

　　　3인 가족은 늘 아이를 중심으로 돌아간다. 아이를 위해 동물원에 가고, 아이를 위해 여행을 가고, 가족사진도 늘 아이가 한가운데에서 주연을 차지한다.

　형제가 있는 가정은 소란스럽기도 하고 비용도 많이 들기 때문에 고급 레스토랑이나 콘서트에 갈 기회가 한정되어 있다. 하지만 외동아이를 둔 가정이라면 이런 곳도 자주 이용할 수 있다.

　항상 이런 체험을 하다 보면 아이는 "내가 세상의 중심에 서는 것이 당연해. 엄마, 아빠도 나를 위해서라면 뭐든지 해줘"

라고 생각하기 쉽다. 게다가 부모가 두 사람만의 오붓한 시간을 가지고 싶지만 늘 아이와 함께 있어야 하는 상황에서는 심리적으로 지치기 쉽다.

따라서 아이가 눈치채지 못하도록 서서히 부모 둘만의 시간을 가지도록 하자. 처음에는 아이가 "나는 빼놓고 둘이만 있다니 너무해" 하고 불만을 느낄지 모른다. 하지만 그것도 처음뿐이다. 어디까지나 밝은 표정으로 "내일은 엄마, 아빠가 밖에서 저녁을 먹어야 하니까 할머니 집에서 기다려줄 수 있지? 어떤 장난감 가져갈래?" 하고 자연스럽게 말을 건네면 아이도 납득하게 된다. "엄마, 아빠는 사이가 좋은 거야" 하는 생각에 마음도 즐거워진다.

또한 외동아이에게 있어서 세 명이 함께 외출하는 것은 즐거운 일이지만, 만약의 경우 부모가 밖에서 충돌하게 되면 도리어 두 사람의 신경전으로 인해 긴장할 수밖에 없는 힘든 시간이 될 수도 있다.

아이가 안정을 유지하면서 즐거운 시간을 보내게 하려면 항상 세 명이 함께 움직여야 한다는 사실에 얽매이지 말고 '엄마와 아이', '아빠와 아이' 이런 식으로 두 사람이 외출하는 시간을 만드는 것도 바람직하다.

특히 아버지는 어머니가 육아에서 해방되어 '혼자 여유 있게 보내는 시간'을 가질 수 있도록 가능하면 '아빠와 아이' 둘이서 보내는 시간을 많이 만드는 것이 좋다.

이때 신경 써야 하는 점은 한쪽 부모가 아이와 즐거운 시간을 보냈다고 해서 "어머, 꽤 재미있었나 보네. 나는 청소하느라 기운이 다 빠졌는데"라는 식으로 비꼬는 듯한 말은 사용하지 말아야 한다는 것이다. "너는 엄마하고 있는 것보다 아빠하고 있는 게 더 좋지?"라는 말도 전혀 도움이 되지 않는다. 이 경우 아이는 오히려 "엄마하고 있을 때는 더 즐거운 표정을 지어야 돼"라는 압박감을 느끼게 된다.

아이가 부모 중에서 어느 쪽을 더 원하는가 하는 문제는 발달 단계나 그 당시의 심리 상태에 따라 다양하게 변한다. 아이에게 '양쪽 부모를 똑같이 사랑하라'는 압박감을 느끼게 하는 것은 잘못된 육아다. 아이의 마음을 저울질해서 도움이 될 것은 하나도 없다.

불평을 하는
부모는 아이를
불행하게 만든다

아무 생각 없이 부부 사이의 불만을 아이에게 털어놓은 적이 있는가? 특히 여자아이는 어머니의 불평을 듣는 역할을 하는 경우가 많다. 그러나 이것은 아이의 인생에 나쁜 영향을 끼칠 수 있기 때문에 절대로 하지 말아야 할 행동이다. 만약 아이가 어머니의 불평에 영향을 받아 "아빠는 싫어", "아빠는 나빠"라고 말한다면 아이의 마음은 어머니의 불평에 의해 침식당하기 시작한 것이다.

중학교 1학년 외동딸을 둔 요코 씨가 상담을 받으러 찾아와서 말했다.

"남편이 무슨 말을 하면 딸과 '또 시작했어'라고 눈빛을 나누어요. 워낙 질렸거든요."

남편은 취미로 낚시를 다니기 때문에 요코 씨가 딸의 친구 관계나 중학교 입학 등에 관하여 고민이 있을 때에도 대화를 나눌 기회가 거의 없다. 부부 사이가 점차 냉랭해지고 있다는 것이다.

"딸도 남편을 싫어해요. 당연하지요. 모든 일을 제게 맡기고 자기는 놀러만 다니니까요. 경제적인 문제를 생각하면 이혼은 할 수 없지만 저는 딸만 있으면 만족해요."

사실 '어머니와 딸'의 이런 일체화가 가장 무섭다.

카운슬러인 노부타 사요코의 책《엄마가 부담스러워서 견딜 수 없어요-외동딸의 탄식》에는 요코 씨 같은 어머니 밑에서 자란 딸들의 비통한 절규가 다양하게 수록되어 있다.

어린 시절부터 어머니의 불평불만을 지속적으로 들으면서 자란 여자아이는 '자신감'이 없는 사람으로 자란다. 어머니는 "같은 여자니까 이해하겠지"라는 심정으로 딸에게 불평을 늘어놓는다. 그렇게 되면 딸은 자신과 동일화하려는 어머니와의 '일체화된 공생관계'에 휩쓸려버린다. 아버지의 그림자가 옅고 달리 형제도 없는 가정에서 어머니는 절대적인 존재이기 때문에 저항할 방법이 없다.

딸이 사춘기로 접어드는 시점부터 "이제 내 마음을 이해하겠지" 하는 생각으로 딸에게 남편에 대한 불평을 늘어놓기 시작하는 어머니도 있다. 성인이 된 딸에게 남편이 바람피운 이야기를 늘어놓는 어머니들도 자주 만날 수 있다. 아버지를 '공동의 적'으로 만드는 것으로 어머니와 딸은 더욱 일체화되어 간다.

아이는 불평을 늘어놓는 어머니에 대해 마음속으로 "말은 그렇게 하지만 엄마에게도 문제가 있어"라고 생각한다. 하지만 그래도 어머니가 불쌍하니까 편을 들어줘야 된다는 생각에 자신의 마음을 억제하며 듣는 역할에 충실해지는 것이다.

어린 시절부터 항상 자신을 억제하고 어머니를 지원하는 쪽에만 서 온 결과, 딸은 자신을 억제하면서 살아가는 방법밖에 모르기 때문에 자신에게 어울리는 삶을 살 수 없게 된다. 누군가를 지원하는 것을 통해서만 자신의 가치를 느끼는 것이다. 그리하여 성실하게 일을 할 생각을 하지 않는 못된 남편을 뒷바라지하게 되는 경우나 애초에 결혼에 대한 꿈을 가질 수 없게 되는 경우도 있다. 반대로 도중에 어머니를 더 이상 지원할 수 없어 어머니와의 관계에서 벗어나기 위해 좋아하지도 않는 남자와 결혼을 하는 경우도 있다.

이처럼 딸에게 불평을 늘어놓는 어머니는 딸의 일생을 평생 지배하게 된다. 만약 남편에게 불만이 있으면 딸을 끌어들이지 말고 남편에게 직접 불만을 털어놓아야 한다.

부부 문제에 아이를 끌어들여 남편을 '공동의 적'으로 만들고 둘이서 공동 전선을 펴는 방식은 절대로 피해야 한다. 그런 행동은 아무에게도 도움이 되지 않는다. 형제라도 있으면 "엄마 말도 맞지만 아빠의 기분도 이해할 것 같아"라는 식으로 자신의 속마음을 털어놓을 수 있지만 외동아이인 경우에는 '피할 장소'가 전혀 없다.

아이의 행복을 바란다면 남편과 아이 이외의 대상에도 관심을 가지고 우선 어머니 자신이 인생을 즐겁게 살아야 한다. 어머니 자신이 매일 안정된 마음으로 행복하게 지내는 것이 육아에서는 무엇보다 중요한 일이다.

부부 사이가 나빠도
아이와는 행복하게
지낼 수 있다

"남편이나 아이 이외의 대상에 관심이 생기지 않아요. 남편과의 문제가 해결되지 않으니까요."

이렇게 생각하는 사람도 있을 것이다. 그러나 아이 앞에서 불만을 털어놓는 행동은 어머니와 아이가 함께 자멸하는 결과를 낳을 뿐이다.

어머니가 불행한 표정을 짓고 있으면 아이는 "나도 행복해질 수 없어"라고 생각하게 된다. 또 부부 사이가 나쁘면 어머니에게 상담 상대가 없기 때문에 육아 자체를 힘겹게 느낀다.

부부 사이는 좋을수록 좋다. 하지만 부부 사이가 나쁘다고 해서 당신의 인생이 쓸모없는 것은 아니다. 남편과 당신은 같은 지붕 아래에서 생활하더라도 다른 사람이다. 남편의 언행이 아무리 불쾌해도 당신까지 거기에 휩쓸려 불행해질 필요는 없다.

다른 사람을 바꿀 수는 없어도 자신을 행복하게 만들 수는 있다. 자신을 행복하게 만드는 것, 그것이 인간으로서의 의무고 아이를 행복하게 만드는 가장 큰 조건이기도 하다.

자신을 행복하게 만들려면 "나는 나, 남편은 남편"이라고 생각하면 된다.

"우리 아이는 외동아이인데, 엄마와 아빠의 관계까지 나빠져서 어쩌지?"

"부부 사이가 나쁜 건 내 탓이야."

이런 식으로 자신을 책망하는 태도도 당장 버리자. 자신을 책망하는 것보다는 "나는 내가 행복해지기 위해 할 수 있는 일을 해야 해"라고 각오하면 마음이 훨씬 편해진다. "뭔가 새로운 일을 시작해 볼까" 하고 생각하면 마음에 에너지가 넘친다. 미소 띤 당신의 밝은 표정을 본 아이는 마음을 놓을 것이다. 그리고 "나도 행복해질 수 있어"라고 생각할 것이다.

6장

자립을 위한
외동아이의 첫걸음

반항기는
어떻게
넘겨야 하는가

아이가 초등학교 고학년이나 중학생이 되면 사춘기 특유의 '반항적인 태도'를 자주 드러낸다. 부모 입장에서는 "별것 아닌 문제로 왜 이렇게 민감하게 행동하지?" 하고 생각할 정도로 사소한 문제가 빌미가 되는 경우도 많다.

"아이가 반항을 멈추지 않아요. 부모 입장에서 어떻게 해야 좋을까요?"

학교 상담 교사인 내게 이런 상담은 늘 끊이지 않는다.

사춘기의 반항에 어떻게 대응하는가 하는 문제는 형제가 있는 가정에서도 늘 고민거리다. 하물며 외동아이인 경우, 어머니와 아이 단둘만의 '밀실' 상태에서는 두 사람의 대립이 끝없이 전개될 가능성이 높기 때문에 사춘기의 반항은 큰 문제가 될 수 있다.

아이에게 사춘기는 '자신'이 흔들리는 시기다. 신체적으로는 키가 자라고, 몸이 변하기 시작하고, 목소리가 변하고, 이성에 대한 관심도 싹튼다.

변화는 신체뿐 아니라 내면세계에서도 일어난다. 그때까지의 가치관이 흔들리기 시작하고 내면세계에서 낯선 자신이 얼굴을 내민다. 마음이 '액상화 현상'을 일으키는 것이다. '액상화 현상'은 사춘기를 맞는 아이가 느끼는 심리 상태의 본질이라 할 수 있다. '아이'로서의 심리가 무너지는 한편, 아직 어른이 되지는 않았기 때문에 '어른'으로서의 심리는 제대로 형태가 갖추어져 있지 않은 것이다.

어른이 되어가는 큰 변화에 직면한 아이는 불안해서 견딜 수 없다. 그렇기 때문에 초조해하고 자신의 껍질 안에 틀어박히려 한다.

갓난아기 시절 어머니와 아이는 거의 일심동체였다. 아이가 커가며 점차 어머니에게서 벗어나 행동하게 된다고 해도 유아기나 아동기는 아직 부모의 사고방식과 자신의 사고방식의 경계가 애매하다. 그러나 사춘기로 접어들면 자립을 하기 위해 '부모와는 다른 자신'을 만들어내야 한다. 그래서 이 시기가 되면 "참견하지 마!", "내 일은 내가 알아서 한다니까!"라는 식으로 부모를 일단 차단하는 것이다.

반항적인 언행은 "나를 대하는 방식을 바꿔주세요!"라는 신호다. 따라서 이때 부모는 아이를 대하는 방법을 바꾸어야 할 필요가 있다.

'부모와는 다른 자기 만들기'는 초등학생이 되면서부터 조금씩 나타나기 시작한다. 반항의 내용은 초등학교 전반과 후반이 차이가 있다. 초등학교 4학년까지는 '반항을 위한 반항'이다. 이것은 사춘기를 향한 도움닫기의 시작이다.

3세부터 초등학교 4학년까지는 이론이 통하지 않는 반항인 경우가 많다. "싫어!" 하고 울음을 터뜨리거나 장롱 안으로 들어가 나오지 않거나 "학원에 안 가!" 하고 투정을 부려놓고 시간이 지나면 "그래도 가고 싶어!"라고 우는 식이다. 부모의 눈으로 보면, 부모를 난처하게 만들기 위해 일부러 그런 말도 안 되는 행동을 하는 것처럼 보이기도 하지만, 본인도 그 이유를 모른다. 다만, 필사적으로 울고 소리치는 반항을 통하여 부모와는 다른 자신을 찾으려 하는 것이다.

따라서 무작정 야단치는 것보다는 아이가 성장하는 과정이라고 생각하고 너그럽게 받아주고, 마지막에는 힘주어 안아주는 것이 좋다. 그렇게 하면 아이는 불안한 마음에서 벗어나 안정을 되찾을 수 있다.

초등학교 고학년이 되면 사춘기의 '자기 만들기'가 시작된다. 신체 변화를 실감하고 불안정해지거나, 부모를 객관적으로 보고 비판하기 시작한다. 논리도 어느 정도 갖추어진다. 이제는 힘주어 끌어안는 것으로 안정을 느낄 나이가 아니다.

이때 남자아이와 여자아이는 반항을 하는 형식이 다르다. 일반적인 경향으로 남자아이 쪽은 폭력적이다. 그렇다고 부모도 마찬가지로 폭력적으로 대하면 안 된다. 부모는 자신의 감정을 조절하고 여유를 가져야 한다.

여자아이의 경우는 남자아이보다 집요하고 긴 반항이 이어진다. 여자아이의 부모는 중요한 문제를 반복적으로 전달하는 끈기 있고 강한 대응이 필요하다.

아이가 사춘기로 접어들어 반항적인 태도를 보이기 시작
한다는 것은 축하해 줄 일이다. 여기까지 잘 키웠다고 생각
하며 자신을 칭찬해 주자.

반항은
부모를 신뢰한다는
증거다

중학생 아이가 있는 가정은 "이렇게 반항적인 행동을 해도 괜찮은가?" 하고 걱정하는 경우도 적지 않다. 하지만 학교에서는 어떨까? 역시 반항적일까? 친구 관계는 어떨까? 대부분의 경우, 부모에게는 반항적이지만 밖에서는 착한 아이로 행동한다. 이는 아무런 문제도 되지 않는다.

무서운 것은 반대의 경우다. 부모 앞에서는 착한 아이처럼 행동하면서 밖에서 나쁜 태도를 취하는 아이들이 증가하고 있다. 그들은 "엄마, 아빠에게 나쁜 행동을 보이면 더 이상 나를 사랑해주지 않을 거야"라고 생각한다. 그래서 부모 앞

에서는 착한 아이로 연기하고 그 스트레스를 밖에서 풀어버리
는 것이다.

그런 의미에서 부모에게 반항을 할 수 있다는 것은 "내가
어떤 행동을 해도 엄마, 아빠의 사랑은 흔들리지 않아"라는
신뢰감을 부모에게 가지고 있다는 증거다.

무조건
억압하는 것은
잘못이다

아이가 심하게 반항하면 부모도 화가 난다. 이는 당연한 일이다.

원래 부모는 아이를 자신의 지배 아래에 두고 싶은 강한 욕구가 있다. 특히 사춘기 아이의 반항은 그 욕구를 더욱 자극하기 때문에 서로 감정적인 상태가 될 수 있다.

이때 "이대로 받아주기만 하면 안 돼" 하고 엄한 태도만 취하는 것은 바람직한 태도가 아니다. 억압을 받으면 언젠가 마음에 쌓인 불만이 한 번에 터져서 폭력을 휘두르거나, 불량 청소년이 되거나, 가출 혹은 은둔하는 등 더욱 심한 형태의 반항이 나타난다.

반항이 심해지면 아이는 부모에 대한 반발 심리로 일부러 보란 듯이 범죄에 가까운 행동을 하는 경우도 있다. "엄마, 아빠의 육아는 이렇게 잘못된 거예요"라고 자신의 인생을 걸고 거세게 반항하는 것이다.

화가 날 때
부모의
대응 방법

아이가 크게 반항할 때 중요한 점은 '부모가 먼저 냉정해져야 한다'는 것이다. 아무리 화를 잘 내는 아이라고 해도 부모가 자연스럽게 흘려버리면 반항은 더 이상 심해지지 않는다. 하지만 부모가 위압적인 태도를 보일 경우 반항은 더욱 심해진다.

자신이 화가 난 상태라는 느낌이 들면 일단 냉정해져서 한 걸음 물러나 어른으로서의 자신을 되찾아야 한다. 그 자리에서 냉정해질 수 없다면 화장실에 들어가 몇 분간이라도 심호흡을 크게 하자. 아니면 일단 집에서 나와 커피숍에서 커피라도 한잔 마시도록 하자. 아이에게서 벗어나 자신을 되찾는 것이 무엇보다 중요하다. 아이에게 가르치거나 훈계를 하는 것은 그 이후다.

반항기의 아이에게도 "안 되는 것은 안 된다"고 분명하게 가르쳐야 한다. 그러나 서로 흥분 상태에 놓여 있을 때에는 어떤 말도 귀에 들어오지 않는다. 부모는 우선 스스로 냉정해져야 한다. 그리고 아이의 마음이 가라앉기를 기다려야 한다. 대화는 그 이후로 미루는 게 좋다.

대립 상황에서는
부모가 먼저
한발 물러난다

아이가 반항을 하여 화가 나면 지금 자신이 화를 내고 있다는 사실을 먼저 깨달아야 한다. 이는 스스로 냉정해지는 첫걸음이다. 그런 뒤에 심호흡을 크게 하며 여유를 되찾아야 한다.

☀ "지금 나는 냉정한 상태가 아니야. 침착하자."

심호흡을 하거나 1부터 10까지 수를 세거나 해서 마음의 평정심을 되찾고 자신을 타이른다.

외동아이와 부모의 격렬한 충돌은 '양쪽 모두 물러서지 않는 상태'가 되어 오랜 시간을 끄는 경향이 있다. 서로 오기를 부리다가 경직 상태에 빠지는 것이다. 부모와 자식 간에 이런 대립 상황이 오랜 시간 지속되면 아이의 마음에 응어리만 남을 뿐이다.

당연한 사실이지만 부모와 자식은 대등한 관계가 아니다. 부모와 아이의 대립이 격렬한 상황으로 치닫는다면 부모가 자신을 잃고 있다는 증거다. 아이와 대등한 입장에서 이기려고 오기를 부리기보다 부모가 먼저 한발 물러나야 한다. 부모는 어른이고 아이와 대등한 관계도 아니기 때문이다.

부모와 자녀 사이에 승패 따위는 존재하지 않는다. "더 이상의 대화는 둘 다 도움이 안 돼. 이건 단순히 소모적인 오기 싸움을 벌이는 것에 불과해"라는 생각이 들면 다음과 같은 방식으로 부모 쪽이 한발 물러난다. 이것은 어른으로서, 부모로서의 역할이다.

부모 쪽에서 한발 물러나는 비결

- 어느 쪽이 옳고 어느 쪽은 그르다는 식으로 언쟁을 벌이

지 않는다.

- 문제를 뒤로 미루는 것도 좋은 방법이다.
- "이제 늦었으니까 자자. 이야기는 내일 하자" 하고 부모 쪽에서 매듭을 짓는다.

자존심이 강한 외동아이는 어른에게 억압당하는 것을 싫어한다. 사람은 누군가에게 억압을 당하거나 자신의 방식을 무시당하게 되면 오히려 고집스럽게 그 생각을 밀어붙이기 쉬운 존재이기 때문이다.

반대로, 부모가 여유를 보이며 "그래? 너는 그렇게 생각하는구나. 그럴 수도 있지"라는 식으로 아이의 생각을 인정해 주면 아이는 스스로 자신의 잘못을 깨닫고 "엄마 말도 맞긴 하지"라는 식으로 생각을 바꾸게 될 것이다.

중요한 점은 아이를 굴복시키려 하지 말라는 것이다. 설사 언쟁 결과 부모가 이겼다고 해도 이미 부모와 자식 사이의 신뢰 관계는 그 과정에서 손상되고, 아이는 더욱 마음을 닫아 버리게 된다.

"아무리 말다툼을 해도 엄마, 아빠는 나를 무시하지 않고 인정해 줘"라는 안도감을 줄 수 있어야 한다. 그런 신뢰감이 있으면 아이 쪽에서 스스로 언행을 바꾸게 된다.

〈자주 듣는 질문 1〉

"저 자신이 중학생 정도의 반항기일 때, 부모님에게 심한 야단을 듣기도 했고 얻어맞기도 했습니다. 그때 엄격하게 대해주신 것을 부모님에게 감사하고 있습니다. 저도 그렇게 하면 안 되나요?"

〈답변〉

엄하게 교육한 부모에 대해 고맙게 여기는 사람도 있다. "그때, 아버지에게 뺨을 한 대 얻어맞았기 때문에 나는 바뀐 거야"라는 식으로 생각하는 것이다. 하지만 카운슬링 현장에서 일하다 보면 이러한 경우는 오히려 보기 드물다는 것을 알 수 있다. 부모에게 얻어맞는 것이 아이의 인생에 악영향을 끼치는 경우가 훨씬 더 많다.

아이를 때릴 때, 부모는 보통 그것이 아이를 위해서라고 생각한다. 일명 '사랑의 매'라는 것이다.

그러나 폭력은 습관이다. 부모가 자신의 자존심을 아이에게 폭력이라는 형태로 휘두른 것과 같다. 아이 입장에서는 얻어맞는다는 데에 불합리함을 느끼고 부모에 대한 불신이 더욱 강해진다. 그로 인해 아이의 인생은 점차 비틀린다. 따라서 나는 절대로 폭력은 권하지 않는다.

〈자주 듣는 질문 2〉

"딸이 반항적인 태도를 보이면 남편이 심하게 화를 내요. 그럴 경우, 남편과 딸의 언쟁이 시작되지요. 저는 엄마로서 어떻게 해야 할까요?"

〈답변〉

아버지가 고압적인 태도를 보이는 경우, 어머니는 아이를 이해해 주는 역할을 담당하는 것이 좋다. 이런 상황에서 '부창

부수'는 바람직하지 않다. 부모 둘이서 아이를 꾸짖으면 아이에게는 '도망갈 장소'가 없다. 특히 외동아이를 둔 가정에서는 부부가 동시에 아이를 꾸짖지 않도록 주의해야 한다.

아버지에게 야단을 맞은 딸이 방에 틀어박혀 나오지 않는 경우, 어머니는 아이스크림이라도 두 개 가지고 들어가 "괜찮니?" 하고 상냥하게 말을 걸도록 하자. 육아에는 '부부의 균형'이 무엇보다 중요하다.

외동아이가
중학교에
진학할 때

아이의 중학교 진학이 부부 사이의 화제가 되는 경우가 있다. "우리 아이는 남들보다 예술적 재능이 돋보이는데, 특수 중학교에 보내는 게 좋지 않을까?" 하고 생각하며 이야기를 나누다가도 "굳이 무리해서 그럴 필요가 있을까? 집에서 가까운 일반 중학교에 보내는 것도 나쁘지 않지" 하고 마음이 흔들릴 수도 있다.

결론부터 말하면 '일반 중학교'인가 '특수 중학교'인가 하는 문제로 고민하는 것보다 '우리 아이에게는 어떤 학교가 어울리는가'를 먼저 생각해야 한다.

외동아이는 노이즈에 약하고 난폭한 언행이나 태도에 내성이 부족한 경우가 많다. 아이가 내성적이고 섬세한 성격인데 지역의 일반 중학교가 다소 거친 편이라면 집에서 좀 멀더라도 다른 학교를 찾아보는 것도 나쁘지 않다. 그러나 특수 중학교라고 해도 다 안정감 있고 조용한 분위기는 아니다. 오히려 일반 중학교보다 더 시끄러운 경우도 얼마든지 있다. 따라서 아이를 데리고 직접 찾아가서 학교를 견학하는 게 가장 좋다. 아이의 감성에 맞는 학교를 아이 자신이 선택하는 것이 무엇보다 중요하다.

고등학교 진학에서는
아이의 의지가
중요하다

고등학교 입시에서 최종적으로 진학하고 싶은 학교를 결정하는 것은 아이 본인이다.

개인차가 크기는 하지만 아이는 진학할 학교를 선택하는 데에 많은 시간이 걸린다. "여기도 괜찮고, 여기도 나쁘지 않은데……" 하고 망설이는 동안에 답답하게 생각한 부모가 지망 학교를 결정하는 경우도 적지 않다.

하지만 인생은 선택의 연속이다. '누구와 결혼할 것인가', '어떤 인생을 보낼 것인가', '다른 직업을 가져야 할까, 전업주부로 있을까' 등 스스로 선택해야 하는 상황이 끊임없이 나타난다. 그 첫걸음이 '학교 선택'이다. 아이가 성장할 수 있는 이 귀중한 기회를 부모는 절대로 빼앗지 말아야 한다.

입학 안내서를 갖다 주거나 견학을 권하는 등 아이가 생각할 수 있는 기회를 제공해 주는 것은 바람직하다. 하지만 "아직도 정하지 않았어?", "여기가 좋지 않겠니?"라는 식으로 압박을 주는 것은 잘못된 방법이다.

부모가 할 역할은 '큰 틀'을 제시하는 것뿐이다. 일반 고등학교인지, 특수 고등학교인지, 거리는 어느 정도인지, 몇 군데를 지정해서 원서를 내야 하는지, 최소한 어느 정도 수준이어야 하는지 등의 큰 틀을 제시하는 정도로 끝내야 한다.

여기에서 중요한 포인트는 첫 지망 학교를 확실하게 합격할 수 있는 학교로 선택하는 것이다. 처음부터 실패하면 그 이후에도 충격에서 벗어나지 못하기 때문이다. 따라서 합격 안전 범위에 속하는 학교를 선택해서 합격해야 자신감을 얻을 수 있다.

"남녀공학보다는 여학교가 좋아"라는 식으로 부모의 가치관을 강요해서도 안 된다. 이런 문제 때문에 고민하는 아이들도 적지 않다.

얌전한 아이일수록 부모의 의견을 부정하기 어렵다. "어차피 내 생각은 중요하지 않아. 엄마, 아빠는 내 말은 존중해 주지 않으니까 시키는 대로 하자"라고 생각하게 되면 스스로 선택할 의지를 잃어버린다.

우유부단해서 좀처럼 지망 학교를 결정하지 못하는 아이도 있다. 그런 경우에는 시간이 허락하는 대로 아이와 함께 학교를 견학하러 직접 가는 게 좋다. 그리고 아이가 시간을 두고 '선택'할 때까지 조용히 기다린다. 이는 스스로 자신의 인생을 선택해 나가는 귀중한 기회가 될 것이다.

이때 결국 부모가 참견해서 결정해 버리면 '스스로 선택할 수 없는 습관'이 몸에 배어 취직이나 일, 결혼 등의 상황에서도 본인이 결정을 내리지 못하는 사람이 될 수 있다.

부모 입장에서는 애가 타더라도 아이를 믿으며 '자립을 위한 첫걸음'을 내딛는 과정을 따뜻한 눈으로 지켜보도록 하자.

중학생이 될 때까지
공부방은
필요 없다

대부분의 가정에서는 "초등학교에 입학하면 아이에게 자기 방을 마련해줘야지"라고 생각하여 초등학교에 입학할 즈음 공부방을 만들어주고, 침대를 구입한다.

하지만 내 생각은 그렇지 않다. 특히 외동아이인 경우, 남자아이건 여자아이건 중학교에 들어가기 전까지 아이의 방을 따로 만들어주지 않는 것이 좋다. 설사 방을 따로 마련해주더라도 결과적으로 '잠만 자는 방'을 만들어주는 것이 바람직하다.

자기 방에 있는 아이는 게임 등을 하면서 시간을 보낼 뿐이지 공부하는 습관을 갖기는 어렵다. 거실에서 공부하는 편이 외로움이 해소되기 때문에 공부하는 습관도 갖기 쉽다. "빨리 방에 들어가서 공부해"라는 말은 요즘 아이들에게 통하지 않는다.

또한 거실을 통과하지 않고 현관에 들어서자마자 자리한 방을 아이 방으로 만드는 것도 피해야 한다. 그런 방은 아이가 사춘기로 접어들면 더 틀어박혀서 나오지 않게 한다. 그렇게 되면 부모와 자녀 사이의 대화가 거의 이루어지지 않는다. 등교 거부나 은둔형 외톨이에 해당하는 아이가 있는 집에 가보면 이런 방을 아이 방으로 제공한 경우가 많다.

외동아이 가정에 있는 방의 배치

- 아이 방은 중학생이 될 때까지 마련해주지 않는다.
- 거실을 통과해야 들어갈 수 있는 방을 아이 방으로 제공한다.
- 장래에 아이가 독립을 하면 아이 방이 필요 없게 된다. 부부가 단둘이 남아 집을 사용할 때를 대비하여, 미닫이문이나 칸막이를 이용하여 추후에 변경이 가능한 방을 만들어준다.

사춘기 때 '자기만의 공간'이 하는 역할

　　　　　중학생이 되면 아이는 부모와 거리를 두고 싶어 하거나 '비밀'을 가지게 된다. '비밀을 가진다는 것'은 '자기 만들기'라는 사춘기의 과제를 완수하기 위한 중요한 과정이다.

　　사춘기 아이는 부모에게서 벗어나 '자기만의 세계'를 가지기 위해 사생활을 지킬 수 있는 '내 방'이라는 공간을 원하게 된다. 특히 남자아이는 자위를 할 나이가 되면 '자기만의 공간'이 반드시 필요하다.

　　단, 휴대전화나 스마트 기기 등을 방에 두는 것은 고등학생이 된 이후가 좋다. 휴대전화나 스마트 기기는 의존성이 강해서 한번 손을 대면 아이를 장시간 거기에만 몰두하게 하기 때문이다.

최근 스마트폰을 가진 아이들끼리 모바일 메신저 등을 사용하여 친구를 집단으로 따돌리는 경우가 증가하고 있다. 솔직히 요즘은 초등학생까지 스마트폰을 사용하고 있지만 개인적으로는 고등학생이 될 때까지는 아이에게 스마트폰을 사주지 않는 것이 바람직하다고 생각한다.

부모의 입장에서는 아이가 '자기 방'에서 무엇을 하고 있는지 매우 신경이 쓰일 수도 있다. 그러나 함부로 사춘기 아이의 방에 들어가서는 안 된다. 그런 행동은 아이가 어렵게 구축하기 시작한 '자기만의 세계'에 무단으로 침입하는 것이라 할 수 있다.

사춘기로 접어들면 아이는 자기 방에서 자기만의 시간을 가진다. 이 과정을 통하여 '독립'이 서서히 진행된다. 이때는 부모도 다른 방에서 자신의 시간이나 부부의 시간을 가지도록 해야 한다.

혼자
생활하는 방법을
경험하게 한다

고등학생 아들을 둔 어머니가 깊은 한숨을 내쉬며 말했다.

"아이를 돌볼 일이 없어지면 저는 앞으로 뭘 해야 할까요?"

아들이 도쿄의 대학에 합격했는데 기쁘기도 하고 슬프기도 하다는 것이다.

"지금까지 모든 정력을 아들의 야구부 활동에 쏟아부었어요. 평일에는 영양을 생각해서 도시락을 만들었고 집으로 돌아오면 유니폼을 세탁했어요. 토요일과 일요일에는 시합을 응

원하러 갔고요. 아들이 야구를 시작한 초등학교 1학년 때부터 12년 동안 주말에는 집에 있던 적이 없어요. 그런데 이제 남편과 단둘이 어떻게 살아야 좋을지 모르겠어요."

"이렇게 사랑이 넘치는 어머니가 계시기 때문에 아드님이 훌륭하게 성장한 것입니다. 하지만 아드님이 마흔이 되고 쉰이 되어도 밥을 지어줄 생각은 아니겠지요?"

"그야 그렇지만……."

"아드님이 독립할 수 있도록 조금씩 손을 놓는 것이 어떻겠습니까? 지금 손을 놓지 않으면 아드님도 부모의 품에서 벗어나기 어렵습니다. 독립을 하지 못하면 나중에 부모에게 기대어 사는 사람이 될 수도 있습니다."

"우리 아이는 그럴 아이는 아니에요. 하지만 혼자 생활해 보는 것이 독립하는 데에는 좋은 기회가 될 수도 있겠네요."

"그렇습니다. 옆에 있으면 아무래도 이런저런 참견도 하게 되지 않겠습니까?"

"언젠가 우리는 먼저 세상을 뜨겠지요. 그런 생각을 하면 당연히 손을 놓아야 하는데……."

나는 설사 집에서 다닐 수 있는 거리에 있는 대학에 진학

하더라도 최소한 반년에서 1년 정도는 일찌감치 혼자 생활
하도록 해주는 것이 좋다고 생각한다.

물리적으로 각자 떨어져 생활하지 않으면 독립하기는 어렵
다. 부모는 옆에 있으면 아무래도 아이의 생활에 이런저런 간
섭을 하게 되고, 아이도 부모를 의지하기 쉽다. 그중에는 평생
어머니와 함께 살고 싶다고 말하는 외동딸도 있다. 사이가 좋
은 것은 나쁘지 않지만 심각한 문제기도 하다.

내가 가르치는 학생들을 보면, 부모와 함께 생활하는 아이
와 비교했을 때 혼자 생활하는 아이가 정신적으로 훨씬 더 어
른스럽다. 경제적으로도 자신에게 주어진 용돈 안에서 모든
것을 해결하고 공부도 열심히 하면서 집안일도 능숙하게 처리
한다. 그런 경험을 반복하며 세상을 살아가는 방법을 배우는
것이다.

부모와 함께 사는 아이는 "아빠가 이렇게 말하니까……",
"엄마 의견은……" 하는 식으로 무엇이건 우선 '부모의 생각'
을 앞세워 '부모의 의견＝자신의 의견'으로 생각하는 경우가
많다.

아이가 혼자 생활할 나이가 되었는데도 "도저히 아이와 떨

어져 살 수 없다"고 생각하는 사람은 본인이 병에 걸려 갑자기 세상을 뜨게 되었을 경우를 상상해 보자. 그런 경우를 가정해 보면 당연히 아이가 혼자 생활할 수 있어야 마음이 놓이지 않을까? 아이가 독립할 시기가 되면 의연하게 손을 놓아줄 수 있는 것 또한 부모의 사랑이다.

외동아이 육아의
최종 목표는
무엇인가

외동아이를 키우는 부모에게 육아의 최종 목표는 어디에 있을까? 내가 만난 외동아이의 어머니들은 거의 모두 이렇게 말했다.

"당연히 결혼해서 아이를 낳고 행복한 가정을 꾸리는 것이지요."

외동아이의 부모는 항상 자신들이 늙어서 세상을 떠나면 혼자 남게 되는 아이가 얼마나 외로울지를 걱정한다. 그래서 무엇보다 고독한 인생을 보내지 않도록 행복한 가정을 꾸릴 수 있기를 바라는 것이다.

하지만 부모가 앞장서서 빨리 결혼을 하라는 식으로 밀어붙이는 것은 아이에게 커다란 압박감으로 작용한다. 이 압박감 때문에 결혼 문제로 고민하는 사람도 많다. 결혼은 '인연'이 있어야 한다. 아무리 결혼하고 싶어도 본인의 의사만으로는 성사시킬 수 없는 것이다.

형제가 있으면 "오빠는 결혼하지 않았지만 여동생이 결혼을 했으니까 일단 지켜보자" 하는 마음이 되어, 결혼에 대한 부모의 압박도 분산될 수 있다. 하지만 자녀가 한 명밖에 없는 경우, 결혼에 대한 부모의 기대가 집중되기 때문에 자녀가 느끼는 압박감과 스트레스는 상당하다.

더구나 결혼을 하면 반드시 행복해진다는 보장도 없다.

2006년에 미국의 학술지 〈사이언스(Science)〉에서 결혼에 관하여 충격적인 연구 결과를 발표했다. 심리학자로서 처음으로 노벨경제학상을 수상한 프린스턴 대학의 대니얼 카너먼이 40세 이상의 미혼자와 기혼자를 대상으로 '불행 비율'에 관한 조사를 실시했다.

사전 예측으로는 '현재의 생활은 불행하다'고 대답하는 기혼자는 28퍼센트, 미혼자는 41퍼센트가 될 것으로 보았다. 당연히 미혼자 쪽에 '불행한 사람'이 많을 것이라고 예측한 것이다. 하지만 막상 뚜껑을 열어보니 '현재의 생활은 불행하다'고 대답한 사람의 비율은 기혼자 23퍼센트, 미혼자 21퍼센트로 기혼자 쪽이 약간 더 많았다.

이것은 '결혼 생활'이 곧 '행복'은 아니라는 사실을 분명하게 보여준다. 나 스스로도 딸에게 반드시 결혼하라는 요구를 하거나 기대를 갖지는 않는다. 중요한 것은 자신이 행복해지는 것이다. 함께해서 행복해질 수 있는 상대가 있으면 결혼하고, 만약 그런 상대를 발견하지 못한다면 결혼은 하지 않아도 된다고 생각한다. 설사 부모가 본인들은 결혼해서 행복하다고 생각한다고 해도 자녀에게 그 가치관을 강요하는 것은 스트레스만 될 뿐이다.

육아의 최종 목표는 '아이가 어른이 되었을 때, 행복한 인생을 보낼 수 있는 능력을 길러주는 것'이다. '행복한 인생을 보낼 수 있는 능력' 중의 하나가 '결혼 능력'이다. 그러나 '결혼 능력'을 갖추었어도 '인연'이 없어서 결혼을 하지 않고 혼자 인생을 보내는 사람도 많다.

이런 사실을 생각할 때, 현명한 부모라면 자녀가 결혼을 하건 하지 않건 자신의 인생을 부정하지 않으며 행복하게 보낼 수 있도록 지원해 주는 것이 바람직하다. 그리고 결과적으로 결혼에 대해 자녀가 어떤 결정을 해도 그 결정을 그대로 수용하며 인정해 주어야 한다.

☀ "네가 선택한 인생이라면 그것으로 괜찮다."

자녀의 입장에서 볼 때 부모가 자신의 인생을 인정해 주지 않는다는 것은 엄청난 고통이다.

자녀가 "부모님은 결혼을 원하는데 하지 못하고 있어. 나는 능력이 부족한 사람이야"라고 자신을 부정하는 일이 일어나지 않도록 하자.

2030년에는 남성 세 명 중 한 명, 여성 네 명 중 한 명이 평생 결혼하지 않는 인생을 보낼 것이라고 예측하고 있다. 당신의 자녀가 이 '세 명 중의 한 명', 또는 '네 명 중의 한 명'이 될 가능성은 결코 낮지 않다. 그렇다면 싱글 라이프(Single Life)를 즐길 수 있는, 즉 고독한 생활을 즐길 수 있는 '고독력(孤獨力)'을 갖추는 것이야말로 인생 최대의 위기 관리(Risk Management)가 아니겠는가.

그런 점에서 외동아이에게는 장점이 있다. '고독력'을 갖추도록 이미 '혼자 지내는 시간'을 오랜 세월 경험해 온 것이다.

이 책에서는 당신의 소중한 자녀를 '행복한 인생을 살 수 있는 인간'으로 키우기 위한 육아의 구체적인 방법을 심리학 이론을 바탕으로 소개했다.

육아에서 가장 중요한 것은 '어떻게 키울 것인가'가 아니라 부모 자신이 행복하게 사는 것이다. 그것이 자녀가 행복한 인생을 살도록 이끌어주는 데 가장 중요한 핵심이다.

머리로는 이해하면서도 아이를 키우다 보면 너무 힘이 들어서 그만두고 싶을 때나 숨이 막힐 정도로 답답함을 느끼는 경우도 있을 것이다. 하지만 그것 역시 아이가 '보이지 않는 세계'에서 부모에게 가져온 과제다. 육아의 고통을 통해 부모 자신의 영혼이 아이와 함께 성장할 수 있도록 아이가 가져온 고통의 선물이다.

아이가 무엇인가 난처한 행동을 한다면 바로 "뭐 하는 거야!" 하고 화를 낼 것이 아니라 그러한 과정도 아이의 성장에 꼭 필요한 것은 아닐까 생각해 보자. 동시에 아이의 그런 행동은 부모 자신의 인간적인 성장을 촉진하기 위한 것임을 명심하자.

때로는 육아에 지쳐 "차라리 낳지 말았어야 했어"라고 한숨을 쉴 수도 있다. 그럴 때에는 단 5분이라도 좋으니 아이에게서 벗어나 '혼자' 있는 시간을 갖도록 하자. 그리고 심호흡을 크게 하고 마음속으로 다음과 같이 주문을 외어보자.

"내 영혼이 무한한 사랑으로 가득한 우주와 연결되어 있다.

내 아이의 영혼도 무한한 사랑으로 가득한 우주와 연결되어 있다.

내 아이의 영혼은 무한한 사랑으로 가득한 우주로부터 나를 선택해 나에게로 찾아왔다.

고마워.

고마워.

고마워.

나를 선택해서 태어나주어서 정말 고마워…….

모든 것은 이 보이지 않는 세계가 내게 준 선물이다.

영혼의 자각과 학습과 성장을 위해 사랑으로 가득한 우주가
내게 준 선물이다."

그렇게 하면 아이의 몸 전체가 사랑으로 가득한 하얀빛에
감싸여 있다는 사실을 깨닫게 될 것이다. 그걸 깨달았으면 아
이를 힘주어 끌어안고 붉은 뺨에 힘껏 뽀뽀를 해주자. 그리고
이렇게 속삭여주자.

"세상에서 네가 가장 소중하단다."

외동아이 키울 때
꼭 알아야 할 것들

초판 1쇄 발행 2014년 4월 10일
초판 4쇄 발행 2020년 5월 12일

지은이 | 모로토미 요시히코
옮긴이 | 이정환
펴낸이 | 한순 이희섭
펴낸곳 | (주)도서출판 나무생각
편집 | 양미애 백모란
디자인 | 박민선
마케팅 | 이재석
출판등록 | 1999년 8월 19일 제1999-000112호
주소 | 서울특별시 마포구 월드컵로 70-4(서교동) 1F
전화 | 02)334-3339, 3308, 3361
팩스 | 02)334-3318
이메일 | tree3339@hanmail.net
홈페이지 | www.namubook.co.kr
블로그 | blog.naver.com/tree3339

ISBN 978-89-5937-355-0 04370